# Buntes Mutgeflüster

## Ein Mut-mach-Buch

## von Parkinson Erkrankten für Parkinson Betroffene und Interessierte

Herausgeberin: Martha Strubinger
E-Mail: martha.strubinger@gmx.at
www.marthastrubinger.at

Illustrationen Herz, Raupe, Menschenpuzzle:
Anita Orovits, Wien

Autorenprofil Portrait Martha Strubinger:
Fotograf Dominik Müller
www.dominikmueller.at

Umschlaggestaltung:
Lieblingscover_Design Susanna Schober
www.lieblingscover-design.jimdosite.com

Korrektorat:
Ulrike Moshammer
www.lektorat-moshammer.at

Mit einem besonderen Dank an:
Karin Rasch

Verlag:
myMorawa von Dataform Media GmbH, Wien
www.mymorawa.com

ISBN:
978-3-99129-583-9 (Paperback)
978-3-99129-581-5 (Hardcover)
978-3-99129-582-2 (E-Book)

PRINTED IN AUSTRIA

„Die größten Menschen sind jene, die anderen Hoffnung geben können.“

(Jean Jaurés)

08.09.2022

Schön, daß Du da bist Edith

Deine Martha

# Buntes Mutgeflüster

## Ein Mut-mach-Buch von Parkinson Erkrankten für Parkinson Betroffene und Interessierte

## Vorwort

Morbus Parkinson ist eine chronische und neurodegenerative Erkrankung im zentralen Nervensystem und wird durch einen langsamen Verlust von Nervenzellen verursacht. Genauer: Das Absterben der dopaminproduzierenden Nervenzellen in der Substantia nigra (ein Bereich im Mittelhirn) führt zu einem Mangel des Botenstoffes Dopamin. Das Absinken des Dopaminspiegels führt zu den bekannten Symptomen der Parkinson-Krankheit. Je mehr die Dopaminmenge abnimmt, desto ausgeprägter sind die Symptome.

Zu den vier Hauptsymptomen zählen der **Tremor** (unwillkürliches Zittern im Ruhezustand), der **Rigor** (Steifheit oder Unbeweglichkeit der Gliedmaßen), die **Bradykinese** und **Akinese** (Bewegungsarmut) und die **Haltungsinstabilität** mit Gleichgewichts- und Koordinationsschwierigkeiten (Gangunsicherheit). Zusätzlich können zu den Hauptsymptomen vorwiegend nicht motorische

Störungen auftreten, die sich in ihrer Ausprägung stark zwischen den Betroffenen unterscheiden. Kognitive Schwierigkeiten, sensorische oder vegetative Störungen sowie Depressionen oder Schlafstörungen zählen zu den Begleitsymptomen.

In seinem Buch „An Essay on the Shaking Palsy" („Eine Abhandlung über die Schüttellähmung") beschreibt der britische Arzt James Parkinson 1817, also vor über 200 Jahren(!), als Erster sehr exakt die Symptome und den Verlauf der später nach ihm benannten neurologischen Erkrankung. Er erkannte, dass diverse Beschwerden wie das Zittern, Muskelschwäche oder Bewegungsarmut ein und derselben Krankheit zuzuordnen sind. In den 1860er Jahren erfolgte die erste medikamentöse Therapie. Ihm zu Ehren wird jedes Jahr am 11. April, seinem Geburtstag, der Welt-Parkinson-Tag begangen.

Aber genug von medizinischen Erklärungen und geschichtlichen Hintergründen. Wenn man Betroffene(r) ist, baut man ohnehin mit der Zeit reichlich Wissen zu diversen Themen rund um diese Erkrankung auf wie über den Krankheitsverlauf, die momentan angebotenen Therapien und über sämtliche Pillen, Pulver oder Pflaster, die eben ein Fortschreiten des Verlaufes eindämmen sollen. Doch unter all dem neu angeeigneten Wissen verbergen sich mitunter auch Sorgen und Ängste. In keinem Buch, auf keiner Webseite und in keinem Gesundheitsmagazin kann man nachlesen, wie man sich nach der gestellten Diagnose "Sie haben Parkinson" fühlen soll. Wie schafft man es wieder aus dem tiefen Loch, in das man erstmal hineingefallen ist? Wie überwindet man als Familie die Schockstarre und kommt wieder in Bewegung? Und wann ist es vielleicht Zeit für ein neues Lebensmotto, gepaart mit neuem Lebensmut und positivem Denken?

Leider gibt es kein einheitliches Rezeptbuch für alle Betroffenen mit der Fülle an individuellen Symptomen, die diese Krankheit nun einmal mit sich bringt. Schade eigentlich, denn dieses Rezeptbuch wäre mit all den nützlichen guten und wichtigen Zutaten ja schnell geschrieben, – und auch dieses Buch wird nicht für alle als Leitfaden dienen können. Aber vielleicht kann es helfen, den Blick wieder nach vorne zu richten, neuen Mut zu schöpfen und den Kampfgeist zu wecken, der schon lange Zeit in einem schlummert!

**DU BIST NICHT ALLEIN!**

Großartige Parkinson Betroffene erzählen, wie sie im Alltag mit ihrer Erkrankung umgehen, berichten von Gewohnheiten, die sich seit der Diagnose verändert haben, aus welchen Dingen sie ihre Kraft ziehen oder wie sie es schafften, ihren „Begleiter" aus einem anderen Blickwinkel zu betrachten.
Jede Geschichte, jede Erzählung ist individuell und einzigartig, aber vor allem lesenswert!

Öffne all deine Fenster und Türen und lasse dich von den Lebensgeschichten großartiger Menschen inspirieren! Und wenn sich nicht gleich alle deine Fenster und Türen öffnen lassen, verliere nicht deinen Mut! Vielleicht kann ja das eine oder andere **bunte Mutgeflüster** einfach dein nächster Schlüssel dafür sein!

## Buntes Mutgefluester

**B** unt, reichhaltig, lebenswert
**U** nser Alltag – trotz Parkinson
**N** un, Einschränkungen sind vorhanden
**T** rauen, über Grenzen zu gehen
**E** hrliches Miteinander der Betroffenen
**S** chön, dass wir nicht allein sind

**M** ut machen – gegenseitig
**U** ntermieter bleibt klein
**T** raum Solidarität stärkt
**G** iftzwerg ohne Chancen
**E** nergien raubt er gnadenlos
**F** reude am Leben? ER NICHT
**L** ieben, erleben der schönen Sequenzen
**U** m kraftvoll die Stirn bieten zu können
**E** rleben alle täglich neuen Kampf
**S** tark bleibt jede/r
**T** at er anfänglich so unschuldig
**E** r kam aus dem Hinterhalt
**R** uhe du Jeck, ICH gewinne

@Sabine Oltzen

# Das Mäntelchen vor meiner Tür

Naja, was soll ich sagen…

Untermieter hatte ich viele in meinen 69 Lebensjahren…

Ganz liebe und auch weniger liebe. Aber so einer, wie dieser, den ich jetzt habe, ist mir ja noch nie untergekommen. Er nennt sich Mr. Parkinson und ist ein ganz übler Bursche. Ich hatte noch nicht einmal annonciert in der Zeitung oder eine Anzeige bei „Willhaben" gestellt. Im Sommer 2019 stand er in der Tür, zuerst noch mit einem Mäntelchen der Unschuld bekleidet, es nannte sich Burnout. Also machte ich für das Mäntelchen die Garderobe frei und schickte mich selber in Rente. Ich war mein Leben lang beruflich selbstständig mit einem Job, der mir große Freude bereitete und bei dem ich mit vielen Menschen zusammenarbeitete und eigentlich Tag und Nacht GERNE erreichbar war. Ich habe Treffen mit über 100 Leuten organisiert, bin durch die Welt zu Konferenzen gereist und habe Tourneen für meinen Mann organisiert. Doch das ging nun alles plötzlich nicht mehr. Nachdem ich meine berufliche Nachfolge organisiert hatte, kam der Augenblick, in dem ich erkannte, das kann gar kein Burnout sein, da muss ein neuer Neurologe her, das gehört abgeklärt. Also habe ich dem neuen Untermieter, der da in der Tür stand, den Mantel abgenommen und heraus schälte sich Mr. Parkinson. Ich war froh, dass ich eine Diagnose hatte… Ja wirklich, denn dann kann man mit der Krankheit kommunizieren und damit habe ich auch gleich in der ersten Woche nach der Diagnosestellung angefangen. Erst habe ich meinem lieben Mann und unseren drei Töchtern Bescheid gegeben, dass das „Haus Katrin" jetzt mit einem Untermieter geteilt werden muss. Ich war schon immer ein Mensch, der seine Gefühle gut in Worte fassen konnte und eigentlich reagiere ich meist mit Humor auf alles - denn was nutzt es, wenn du zusammenbrichst und verzagst? Du musst dich einfach der Realität stellen… Das geht bei mir nur, wenn ich einen Plan B im Hinterstübchen habe - an dem arbeite ich noch, aber dazu später. Also habe ich mein Herz auf der Zunge getragen und habe jedem der mich gefragt hat, und auch denjenigen die mich blöde angeschaut haben, meinen Untermieter vorgestellt. Das fanden sicher einige Menschen in meiner Umgebung gewöhnungsbedürftig, aber es hat letztendlich dazu geführt, dass eine Selektion stattfand. Jetzt habe ich weniger Freunde, dafür aber ehrliche. Ich hatte das Glück, auf einen wundervollen Neurologen zu stoßen, der mir viel Vertrauen gibt, und auf eine Physiotherapeutin, der ich ganz viel zu verdanken habe. Jetzt sieht es nach 2 Jahren so aus, dass ich regelmäßig meine Medikamente nehme, mir ein E-Dreirad gekauft habe, morgens meine Gymnastik für 15 Minuten abhalte, mit meinem Hund Molly dreimal täglich gehe und wieder täglich koche. Wenn ich Zeit habe, mich um meine Enkeltochter, die 8 Jahre alt ist, kümmere und mit meinem Mann und meiner jüngsten Tochter, die bei uns im Haus wohnt, über mein Befinden kommuniziere.

Es gehört viel Selbstdisziplin dazu, was mich wirklich wundert – wo habe ich diese bloß gefunden? Aber ich glaube, die hat auch mein Untermieter mitgebracht. Wenigstens etwas Gutes! Und auch oft, das darf ich nicht vergessen, zeigt er mir die schönen Seiten des Lebens…

Ein Spaziergang im Wald, eine Fahrradtour an die Donau, ein intensives Gespräch mit einer Freundin, Schwimmen mit meiner Tochter, ein Konzert von meinem Mann (er ist Musiker und auch schon 85 Jahre alt) oder ein Spiel mit meiner Enkeltochter. Dazu hatte ich früher keine Zeit oder war immer gestresst, und konnte es daher nicht genießen. Stress ist nicht gut, wenn du Herrn Parkinson bei dir wohnen hast, und so sage ich alles ab, was mich stressen könnte. Ja wirklich, man könnte sagen, ich lebe intensiver… Sicher wollte ich noch ein bisschen verreisen, sicher hätte ich mir vorgestellt, noch ein paar große Feste zu organisieren, oder hin und wieder ein wenig flexibler sein zu können, aber mein Gott! Ich hatte ein tolles und aufregendes Leben bis jetzt, ich bereue nichts und zwar gar nichts von dem, was ich so getrieben und erlebt habe! Dann kann es doch jetzt ein bisschen gemütlicher werden!

Ich würde gerne noch sehen, wie meine drei Enkelkinder größer werden, bin stolz und dankbar, dass ich so tolle Töchter habe und einen so liebvollen Mann, und wenn sich Mr Parkinson weiter so ruhig verhält wie im Moment, darf er wohnen bleiben.

Es ist nicht jeder Tag so rosig, aber:

Das Glas ist halb voll und nicht halb leer 😊!

Lieber wäre mir ein Leben ohne diesen Untermieter…aber…naja was soll´s?

Du fragst nach dem Plan B? Der ist jetzt noch mein Geheimnis! Vielleicht schreibe ich noch eine Geschichte, wenn es soweit ist!

**Jetzt will ich leben!!!**

**Katrin** ist eine Berlinerin (Jahrgang 1952), die es vor 32 Jahren nach Österreich verschlagen hat. Ihr Leben lang war sie selbstständig in den verschiedensten Berufen: Katrin hat eine Lehre als Drogistin abgeschlossen, aber nie in dem Beruf gearbeitet, sie hatte einen Schmuckladen mit antikem englischen Schmuck, hat Pferde zugeritten, besaß einen Dessous-Laden mit eigenen Entwürfen in Berlin, leitete einen asiatischen Partyservice, übernahm das Management ihres Musikermannes für ca. 10 Jahre und ist mit seiner Band um die ganze Welt gereist. Sie hatte einen Kleinstbauernhof mit Pferden, einem Schaf, Hühnern, Enten, Hasen, Wachteln, einem Hund und Katzen. Zum Schluss war sie Country-Managerin einer Jugendaustauschorganisation. Sie lebt in einer Patchworkfamilie mit drei wundervollen Töchtern und 3 Enkelkindern. Die Krankheit überraschte sie 2019 eiskalt, mit 67 Jahren. Heute lebt sie mit ihrer Familie in Wien und macht das Beste aus der Situation – was auch sonst 😊!?

# Untermieter - ungefragt eingezogen

Durch meinen Gang ist es ziemlich offensichtlich, dass mit mir etwas nicht stimmt. Daher gehe ich offen mit meiner Krankheit um.

Aber von Anfang an:
Mein Leben war ziemlich „normal“: Verheiratet, zwei Kinder, halbtags im Büro tätig und so weiter und so fort… Bis zum Sommer 2012. Ich hatte seit geraumer Zeit Rückenbeschwerden, durch die ich eine „Schonhaltung“ beim Gehen entwickelt hatte. Ich ging zum Orthopäden, um dies abzuklären.
Dieser verschrieb mir eine Physiotherapie, da er die Ursache meiner Schmerzen bei der Halswirbelsäule sah. Ich hoffte natürlich, dass meine Beschwerden durch die Physiotherapie weggehen und sich mein Gang wieder normalisieren würde. Aber sie brachte auch nach etwa einem ¼ Jahr nicht den erhofften Erfolg. Die Therapeutin gab zu bedenken, dass sie meine Probleme im neurologischen Bereich sehe und bat mich, dies abklären zu lassen.

Es folgten die entsprechenden Untersuchungen mit MRT und DAT-Scan.

Diagnose: PARKINSON.
Ein Schock! Das saß.
Angst und Verzweiflung überkamen mich.
Ich meinte, in ein großes Loch zu fallen.

**ICH** soll Parkinson haben? Mit 46? Ne, ne, ich doch nicht, das muss eine Verwechslung sein! Aber alles Leugnen half nichts und ich musste mich wohl oder übel mit meinem neuen Untermieter arrangieren.

Für meine Familie war es natürlich auch eine schwierige Situation, die viele Fragen aufwarf. Wie geht es weiter? Wie wirkt sich die Krankheit auf den Alltag aus? Kann ich weiter arbeiten gehen? Wie wird der Verlauf der Krankheit insgesamt sein? Was erwartet uns als Familie?
Die Kinder waren gerade im pubertierenden Alter und hatten ihre Sorgen und Probleme mit sich selbst, dem Erwachsenwerden und allem, was sonst dazugehört. Nun kam eine kranke Mutter dazu. Es brauchte einige Zeit, bis wir die Diagnose verdaut hatten.

Eine Wissenschaft für sich ist es, den richtigen Neurologen zu finden. Vertrauen zum Arzt ist meiner Meinung nach **DIE** Grundvoraussetzung. Der erste Neurologe nach meiner Diagnose wollte mich immer wieder in Studien unterbringen. Ich

machte ihm deutlich, dass meine Lust, monatelang Placebos zu schlucken, schwindend gering sei.
Er wischte meine Bedenken schnell weg und ignorierte meine Einwände. Daraufhin wischte ich ihn aus meinem Leben und ging zu einem anderen Arzt, nur einige Straßen weiter.
Dort staunte ich nicht schlecht. Auf die Frage, aus welchem Grund ich einen Arztwechsel wolle, erklärte ich, dass sein Vorgänger einfach mein Vertrauen nicht besaß. Die knallharte Antwort des Arztes war: „Mangelndes Vertrauen ist kein Grund, den Arzt zu wechseln! Ich nehme Sie als Patientin nicht an!"
Sprachlos und geschockt verließ ich die Praxis. Kurze Zeit später erfuhr ich, dass eben jene beiden Ärzte befreundet waren. Man kann daher vielleicht verstehen, warum meine jetzige Neurologin ganz schön viel investieren musste, bis mein am Boden liegendes Vertrauen zu einem Neurologen wieder aufgebaut war.

Unpraktisch ist, dass bei mir – als Linkshänderin – eben die linke Seite betroffen ist. Seit der Diagnose erklärten sich Schwierigkeiten, die zum Beispiel beim Schneiden von Gemüse und anderen Dingen auftraten, weil meine Finger sich verkrampften.

Wie ich schon andeutete, hat sich mein Gangbild geändert. Ich laufe zeitweise durch die Gegend, dass manch einer denkt, ich habe früh morgens um 6 Uhr schon eine Pulle Schnaps intus. Na dann Prost!!!
Entsprechend sind die Blicke!!! Inzwischen reagiere ich manchmal, indem ich einfach zurückstarre. Ist lustig, wie peinlich berührt die Menschen dann wegschauen. Ein anderes Mal sage ich: „Fragen Sie mich, was los ist, es kostet nichts." Oder ich ignoriere das einfach alles.

Panik machte sich bei mir breit, wenn ich mittags nach der Arbeit am Kölner Hauptbahnhof stand und der Untermieter urplötzlich und eigenmächtig mal eben die Entscheidung fällte: Beine, bitte auf Freezing schalten und stehen bleiben!!
Zusätzlich war es Stress für meinen Körper, wenn im gleichen Augenblick der Zug einfuhr und ich nicht einsteigen konnte. Nebenbei bemerkt: Dieser Regionalzug fährt nur einmal in der Stunde! Verspätungen gar nicht miteingerechnet!
Zum Glück kannten mich inzwischen ein paar Leute, die mich einfach anstupsten, damit meine Beine wieder in Bewegung kamen und ich dann doch noch in den Zug steigen konnte. Das Gefühl, nicht weiterzukommen, ist nicht schön und hat bei mir zu mancher Heulattacke geführt.

Oft fühlte ich mich unendlich hilflos und ohnmächtig. Ich hätte manchmal vor Verzweiflung richtig Lust gehabt, lauthals loszubrüllen oder auf irgendetwas feste drauf zu boxen.

Zum Thema Heulattacke: Zwischendurch kommen unvermittelt traurige Phasen, obwohl ich mir immer sage, dass „den Kopf in den Sand stecken" einfach nicht geht. Ich lasse mir meine grundsätzlich positive Lebenseinstellung und Fröhlichkeit nicht nehmen!

Inzwischen hat das Freezing aufgehört und ich habe stattdessen unruhig zappelnde Beine. Auch nicht gerade prickelnd, aber ich komme zumindest von A nach B.

So hat mein Untermieter namens Parkinson Einzug in unser Leben gehalten und durchkreuzt auch so manche Pläne. Des Öfteren spinnt mein Körper, sodass Verabredungen gar nicht erst stattfinden können oder Treffen abgebrochen werden und wir nach Hause fahren müssen. Manche wollen oder können das nicht verstehen.

Gibt es etwas Gutes daran, dass sich mein Untermieter bei mir breitgemacht hat?
Oh ja: Ich hätte viele Leute, die mich durchaus positiv bereichern, niemals kennengelernt. Und ich

weiß seit meiner Diagnose, wer meine Freunde sind. Es haben sich so einige verabschiedet. Den Freunden, die geblieben sind, gehört an dieser Stelle ein besonderer Dank für ihre Unterstützung!

Ich möchte auch meinem Mann Thomas und meinen Kindern von Herzen danken, dass sie unermüdlich für mich da sind und mich manchmal aber auch auf den Boden der Tatsachen zurückholen!

**Zum Schluss noch ein Elfchen:**

**Untermieter**
**Ungefragt eingenistet**
**Fühlt sich wohl**
**Ich aber bleibe Hauptmieter**
**Kapiert?**

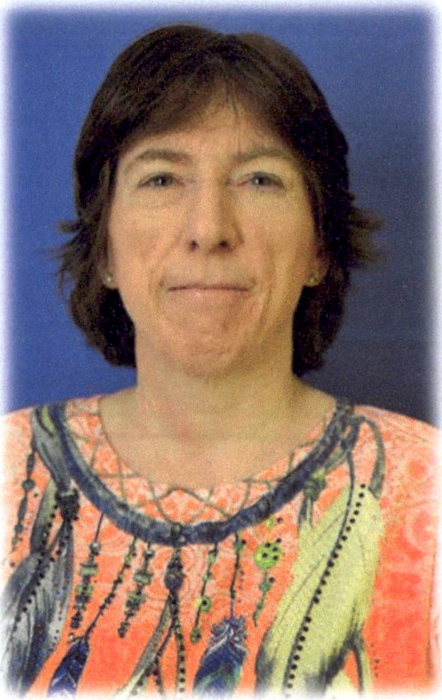

Foto: Thomas Oltzen

**Sabine Oltzen,** Jahrgang 1966, ist verheiratet, Mutter von zwei Kindern und seit fast 40 Jahren im öffentlichen Dienst tätig. Über eine städtische Schreibgruppe hat sie vor etwa 30 Jahren das literarische Schreiben für sich entdeckt. Ihre Lieblingsform ist das Elfchen. Aber auch Akrostichons und reimende Gedichte finden sich oft in ihrem Repertoire. Die Diagnose Parkinson hält sie nicht davon ab, weiter zu schreiben und sogar Bücher mit ihren eigenen Texten in Eigenregie zu verfassen.

## WENN GEDANKEN MANCHMAL LAUT WERDEN...

„Sie haben Parkinson!"

Tja, nun war es raus und sämtliches Spekulieren, Hoffen und Bangen, Verdrängen oder auch das Schönreden waren mit einem Satz vorbei. Ein Schock. Ein Tiefschlag.

Ein Gefühl in der Magengrube, als hätte diese Krankheit gerade ihren ersten Treffer mit einem eindeutigen K.O. meinerseits erlangt. Ein klarer Knockout, von dem ich mich **nicht** in den nächsten zehn Sekunden erholen sollte.

Und wenn ich ehrlich bin, habe ich mich bis heute noch nicht ganz von diesem einen Satz erholt. Parkinson.
Ich habe Parkinson.

Die Diagnose mit 49 Jahren kam trotzdem nicht ganz unerwartet, denn das Zittern meiner rechten Hand hatte deutlich zugenommen und ich wurde bereits auf meinen nicht mitschwingenden Arm beim Gehen angesprochen. Die Zahl der restlichen „kleinen" Symptome wie meine Magen- und Darmbeschwerden oder der Verlust des Geruchssinnes ergaben nun endlich eine Gesamtsumme. Und zur Gesamtsumme meiner Symptome kamen noch ein paar Ängste hinzu.

**Werde ich meiner Familie, insbesondere meiner Frau und meinem Sohn, einmal zur Last fallen?** Ein grauenvoller Gedanke, der mich hie und da kurzfristig wieder in ein Loch fallen lässt. Die Vorstellung, dass Körper und Geist nicht zusammenarbeiten könnten und ich auf Hilfe angewiesen sein werde, lässt mich erschaudern. Sich den Bart rasieren, die Zähne putzen, den wackelnden Suppenlöffel halten und, was vielleicht noch wichtiger ist, den Mund treffen ohne zu patzen, Knöpfe meiner Hemden schließen oder WC-Gänge erledigen – alltägliche Dinge, die (noch) routiniert und selbstständig, wenn auch zittrig, von der Hand gehen, ohne nach einer Hilfe rufen zu müssen. Niemand, auch kein Gesunder, kennt die Zukunft und so versuche ich solche Gedanken schnell wieder zu verdrängen. Gelingt mal mehr und mal weniger. Mental gibt es gute und schlechte Tage. Ja, früher war ich einfach stabiler. Und auch das ist manchmal gar nicht so leicht, sich selbst einzugestehen.

**Wie lange werde ich dem Arbeitsalltag noch gewachsen sein?** Jeder Arbeitstag schlaucht. Es kostet so unendlich viel Kraft, sein Pensum und freilich auch die eigenen Erwartungen noch zu erfüllen. Die Konzentration schwindet, gefühlt von Minute zu Minute, mein Zitteraal spielt seine

Sperenzchen und die Tagesmüdigkeit wächst. Meine Belastbarkeit ist bis zum Maximum ausgeschöpft. Das schreibt sich hier auf jeden Fall leichter, als dass es aus meinem Mund käme. Zugeben, dass ich eigentlich nicht mehr zu 100 % arbeitsfähig bin, möchte ich noch nicht. Denn was macht ein Handwerker, der sein Handwerk nicht mehr versteht, weil seine Hand nicht mehr werkt? Auf keinen Fall fühle ich mich schon austherapiert und somit versuche ich, den Zahn der Zeit, der da an mir nagt, mit Medikamenten, Physiotherapie und Stresseindämmung zu verlangsamen. Außerdem denke ich über eine THS (=Tiefe Hirnstimulation) nach.

Es ist jedermann bekannt, dass Bewegung die körperliche und geistige Gesundheit verbessert und die Lebensqualität fördert, **doch wie lange werde ich noch in Bewegung bleiben können?** Wie schnell wird sich mein Tremor auf meinen gesamten Körper ausbreiten und mich dadurch massiv einschränken? Ich bin bis heute noch kein großer Sportler, das war ich nie, jedoch genieße ich den Spaß bei jeder Aktivität – ja, vielleicht heute noch mehr, weil ich mir meiner ablaufenden Zeit durchaus bewusst bin. Und freilich hoffe ich auf noch ein paar gute Jahre, denn ich bin bei einem Stillstand in meinem Leben, und dass im doppelten Sinne, bei Weitem noch nicht angekommen!

Zeitfressern und Energieräubern versuche ich aus dem Weg zu gehen, denn diese verbrauchen meinen Akku, der sich ohnedies nicht so schnell wieder aufladen lässt. **Aber wie vermeidet man Stress, positiven wie negativen?** Mich von Dingen stressen zu lassen, war noch nie mein Ding. Vor allem Lästiges und Unliebsames schob ich gut und gerne vor mir her oder (ich – Teufelchen) ließ es von meiner Frau erledigen. Doch seit gut einem Jahr stresst mich schon das bloße Wissen von mehreren notierten Terminen im Kalender (und das müssen ja nicht immer terminisierte Arztbesuche sein) oder hie und da ein Treffen mit Freunden, wenn die Zahl der Tischpersonen über sechs hinausgeht. Die Lautstärke bei Tisch, meine Konzentration, „ordentlich" zu essen, wie man es beigebracht bekommen hat, und die Tatsache, dass ich nicht mehr jedem Gespräch folgen kann, löst teilweise (eben nicht immer) Unwohlsein in mir aus. Alle aus unserem Familien- und Freundeskreis wissen um meine Erkrankung, aber es ist mir trotzdem wichtig, nicht krank zu wirken! Ich meine, die Zeit der Eitelkeiten ist ohnehin zu Ende, aber man bleibt nach so einem Treffen doch lieber anders in Erinnerung, als „Heute hat er aber wieder einen schlechten Tag gehabt". Und so dreht man sich im Kreis, wenn es einem in solchen Momenten nicht gelingt, seine eigene Erwartung an sich selbst und die Gedanken unter Kontrolle zu bringen und diese doch kostbaren Augenblicke trotzdem, oder gerade deswegen (Motto: Jetzt erst recht!), zu genießen. Denn mein Parkinson hat Stress so gar nicht gern!

**Wie kann man dafür sorgen, dass man nicht selbst zum Stressfaktor für andere wird?** Ich hasse es, zusehen zu müssen, wie meine Frau sich teilweise abstrampelt. Sie organisiert meine sämtlichen Termine, denn ich würde glatt die Hälfte vergessen. An manchen Tagen ist meine Vergesslichkeit echt ein Graus und daher laufen alle wichtigen Erledigungen über ihren Tisch. Sie begleitet mich auch zu sämtlichen Arztterminen, denn es kam schon mal vor, dass ich nur Stunden nach solch einem Termin Zusammenhänge nicht mehr verstand und falsch wiedergab oder den mitgegebenen Arztbrief nicht mehr fand. Und wenn es dabei vielleicht sogar um Medikamente und deren Einnahme geht, ist das ganz schön unlustig. Ich bin mir durchaus bewusst, dass vieles nicht mehr so laufen würde, wenn es meine Frau nicht in ihre Hände genommen hätte – das heißt aber nicht, dass ich diese Situationen schön finden muss. Und so switche ich oft zwischen Dankbarkeit für meine Frau und Ärger über meinen Bewohner hin und her. Da fehlt mir manchmal noch die Gelassenheit, die Dinge so zu nehmen, wie sie eben sind. Parkinson geht mit mir keinen geraden Weg. An manchen Tagen ist es halt ohne ersichtlichen Grund einfach schwer.

**Parkinson und Partnerschaft?** Dieser eine Satz „Sie haben Parkinson“ hat in den letzten Jahren auch in unserer Partnerschaft einiges durcheinandergewirbelt. Nach über zwanzig gemeinsamen Jahren rüttelte jemand oder etwas (Parkinson ist für mich kein Jemand) an dem Grundstock unserer Beziehung. Zuerst befanden wir uns gefühlt in einer Schockstarre, dann bewegten wir uns langsam in verschiedene Richtungen, bis wir uns schließlich als Paar wiederfanden. Gemeinsam gehen wir den Weg mit sämtlichen Veränderungen, die mein Parkinson noch so mit sich bringen wird, sprechen laut aus, was gerade auf der Seele drückt oder lassen es auch einmal gut sein, wenn einem dafür gerade die Worte (aber vielleicht nicht die Tränen) fehlen. Ich genieße, wenn es wieder vermehrt Momente (so wie früher) gibt, in denen wir gemeinsam laut loslachen, uns an den Händen halten, als würde der stärkste Krieger uns nicht auseinanderbringen können und wir wieder vorsichtig einen positiven Blick in unsere gemeinsame Zukunft wagen. Denn für diese Frau kämpfe ich gerne jeden Tag!

**Was bleibt zum Schluss?**

Ich würde sagen: **JEDE MENGE!**

Parkinson bedeutet nicht, dass man den Genuss des Lebens aufgeben muss! Die Prioritäten haben sich lediglich verschoben. So weiß ich heute ein gutes Buch, einen tollen Song oder eine wunderschöne Landschaft mehr zu schätzen, genieße die Zeit mit meiner Familie, erlebe Augenblicke mit meiner Frau intensiver und nutze jeden Tag, so gut ich eben kann.

Da kommt der Handwerker in mir wieder zum Vorschein: Manchmal zerbricht halt etwas im Leben; dann sammelt man die Teile wieder auf und setzt sie einfach wieder zusammen! Und auch wenn das Zusammengesetzte scheinbar nicht mehr perfekt ist, gewinnt doch am Schluss das Große und Ganze! So versuche ich die Dinge zu sehen. Dieser eine Satz „Sie haben Parkinson" hat so manches zerbrochen. Ich sammle die Teile Tag für Tag und fülle die Scherben mit Therapien, Lebensfreude und geliebten Menschen. Und zum Schluss kann man sein Leben mit Mitte 50 und **auch mit Parkinson** genießen! Ich leide nicht an Parkinson, ich bin halt nur ständig in Bewegung!

# Ich wünschte…

Parkinson nimmt so manches mir,
doch nicht meine Wünsche, meine Gefühle, hier zu Papier.
Ich träume manches Mal bei Tage,
im wachen Zustand ich mich selbst befrage,
darf ich noch hoffen und mir Großes wünschen?
Und jetzt bitte nicht die Nase rümpfen…
Ich träume auch von kleinen Dingen,
die mich selbst zum Kopfschütteln bringen.

So wünschte ich, ganz still und leis,
ich wäre ein Rauperl, ohne Sinn und ohne Fleiß.
Schokolade jeden Tag am Speiseplan,
egal Diabetes, Kalorien oder ob gar vegan.
Nieder mit den fixen Essenszeiten,
denn Medikamente mich als Rauperl nicht begleiten.

Auch als Larve mit so vielen kurzen Beinen
müsste ich nicht nach der Feinmotorik weinen.
Die Bewegung, sie wäre einfach da,
kein Tremor, kein Rigor – ach, wie wunderbar!

Ich wünschte, jeden Tag die Sonne für mich lacht,
die Zeit mit Rätseln und den schwersten Sudokus verbracht.
Vergesslichkeit und Konzentrationsverlust kein Thema mehr,
richtigen Worte zu finden, nicht mehr so schwer.

Als Raupe finde ich des Nächtens schnell den Schlaf,
ausgeruht und erholt ich aufstehen darf,
Gedankenblitze wieder messerscharf,
ich mich nicht selbst mit düsteren Bedenken straf´.

Ich wünschte, ich hätte viel mehr Zeit,
zur Akzeptanz ich wäre mehr bereit.
Aber ich träume, wünsche und hoffe
weiter jeden Tag,
weil ich mich noch nicht ganz aufgegeben hab´.

**Das Leben, es ist trotzdem schön –**
**denn ich darf es als Mensch mit so tollen Menschen begehen.**

Thomas (53 Jahre) - Parkinson Betroffener aus Wien

SUDOKA

## Ulrikes Geschichte

Ich heiße Ulrike.

Ich arbeitete über 40 Jahre in der Krankenpflege. Zunächst in Krankenhäusern und danach über zwanzig Jahre in der ambulanten Pflege. Es hat mir immer viel Freude bereitet, anderen Menschen zu helfen, ich habe dabei auch immer sehr viel zurückbekommen. An mich selbst und meine Gesundheit habe ich dabei eigentlich nie gedacht. Zehn Jahre habe ich parallel zu meiner beruflichen Tätigkeit meine Eltern zu Hause gepflegt über eine Entfernung von 60 Kilometern von meinem Wohnort. Ich war oft wirklich an der Belastungsgrenze, aber für andere da zu sein ohne auf mich selbst zu achten war für mich völlig in Ordnung. Ach ja, verheiratet bin ich auch.

Irgendwann war ich nur noch erschöpft, unruhig, zitterte manchmal - was ich auf meine Belastung und Müdigkeit zurückführte-, aber irgendwie ging es weiter.

Im Nachhinein betrachtet muss ich schon lange vor der Diagnose Parkinson gehabt haben. Bekannte und vor allem mein Mann sprachen mich auf meinen Gang an, meine Hände zitterten, zunächst bei Aufregung, später auch in banalen

Situationen, zum Beispiel wenn ich mit jemandem in einem Gespräch war.

Wahrhaben wollte ich dies aber lange nicht. Nachdem ich immer öfter angesprochen wurde, raffte ich mich auf und ging zum Hausarzt. Dieser nahm mich nicht ernst und schrieb erst nach langer Diskussion und mehreren Besuchen bei ihm in der Praxis eine Überweisung zum Neurologen. Da ich aufgrund meiner beruflichen Tätigkeit in der ambulanten Pflege mehrere Ärzte, darunter auch Neurologen, kennengelernt hatte und deren Arbeitsweise kannte, wollte ich nicht zu dem an meinem Wohnort ansässigen Neurologen gehen. Also musste ich auf einen Termin bei einem anderen neurologischen Arzt, der mir empfohlen worden war, etwa ein halbes Jahr warten.

Zu dem Termin begleitete mich mein Mann. Dieser Arzt nahm sich richtig lange Zeit, ließ mich erzählen und ging auf mich ein.

Dann, nach eingehender Untersuchung, stellte er die Diagnose. Als ich die Diagnose bekam, war ich nicht wirklich überrascht. Mein Mann hingegen war geschockt.

Realisieren wollte ich es aber dann doch immer noch nicht. Es hat seine Zeit gedauert, bis die Diagnose wirklich in meinem Kopf angekommen war.

Als ich bereit war, mich zum Beispiel in Selbsthilfegruppen zu öffnen, kam leider die erste Welle von Corona. Alles wurde abgesagt. Stattdessen bin ich auf eine Parkinson-Gruppe in einem sozialen Netzwerk gestoßen. Hier habe ich einige Kontakte geknüpft, die sich zum Teil intensiviert haben. Diese Gruppe möchte ich nicht mehr missen.

Bei meinem Neurologen fühle ich mich wirklich gut aufgehoben. Er hat mich derzeit medikamentös so gut eingestellt, dass ich weitgehend beschwerdefrei durch den Tag komme. Wenn ich etwas „außer der Reihe“ habe, kann ich jederzeit anrufen und er nimmt sich Zeit für mich, wenn er die Ruhe dafür findet. Es kann sogar passieren, dass er mich auf dem Handy zurückruft, wenn ich ihn nicht erreiche.

Meine Erfahrungen mit meinen Mitmenschen - Bekannte und Fremde - sind sehr unterschiedlich. Einige gehen gut, also durchaus positiv mit mir und meiner Krankheit um, manche haben Probleme damit. Zum Beispiel hält mich die eine oder andere Kollegin aus Zeiten meiner beruflichen Tätigkeit für faul, da man mir derzeit aufgrund der medikamentösen Einstellung noch nichts ansieht. Dabei müssten es gerade sie, vom medizinischen Fach kommend, eigentlich sehr viel besser wissen. Mich ärgert diese Gedankenlosigkeit; mein Mann sagt „Rege dich nicht auf, es bringt nichts“, vielleicht hat er sogar recht.

Es gibt Tage, da scheint alles dunkel und grau, alles schmerzt. An diesen möchte ich mich verkriechen. An anderen Tagen ist alles hell und bunt, mir geht es gut und ich kann einiges unternehmen, was mir Spaß bereitet.

Ich mache derzeit viel Sport, ich will in Bewegung bleiben, solange es irgendwie geht. Ich engagiere mich in mehreren ehrenamtlichen Einrichtungen, das mache ich schon länger, also auch schon vor der Diagnose. Soziale Kontakte aufzubauen und zu pflegen erscheint mir sehr wichtig.

Wie es weitergeht weiß niemand, es bleibt eigentlich nur, das Beste aus jedem Tag zu machen und möglichst positiv in die Zukunft zu sehen.

Aufgewachsen im bergischen Land ist **Ulrike** in jungen Jahren der Liebe wegen nach München gezogen. Heute lebt sie mit ihrem Mann in der Nähe von Bonn, arbeitet ehrenamtlich in einer „Kleiderstube“ und ist seit Kindertagen begeisterter Fußballfan!

## DAS LEBEN IST SCHEE

Das Leben ist schee,
aber i kann net geh.

Das Leben ist schee,
wia i gehen und stehn können hab,
hab ich`s net gsehn.
Das Leben ist weitergangen,
ich hab net besonders dran gehangen.
Das Leben ist schee,
auf amoi konnt i net geh.
Jetzt erst, wenn ich ab und zu gehen kann,
jetzt erst ich es seh:
Das Leben ist schee.

Das Leben ist schee,
aber i kann net geh.

Ich beobachte meine 2 Haustiere, Max und Moritz, die 2 Weinbergschnecken, wie sie sich verstecken unter den Brennnesseln, Farnen, Moosen und Hecken.

Meist, wenn es regnet, bin ich ihnen begegnet.
Da kriechen sie dahin,
das Leben hat einen Sinn.

Das Leben ist schee,
i kann zwar net immer geh.
Schnecken können nicht gehen, aber kriechen.
Das Leben ist schee, es ist nicht ganz von mir
gewichen.
Das Leben ist schee,
aber i kann net geh.

Ich schau zu meinem Kaktus am Fensterbrett,
er hat eine Blüte; das ist sehr nett.
Er blüht, er dreht sich nach der Sonne mit Wonne.
Er glüht, er blüht ...
I kann zwar momentan net gehen, net stehen,
aber die Kaktusblüte zeigt mir, auch wenn ich wüte,
auch wenn ich brüte:

**Das Leben ist schee.**

## VIKTORIA

Wir werden siegen;
ich lass mich vom Herrn Parkinson nicht
unterkriegen.

Er tobt und kämpft in meinem Körper:
nachts legt er mich in das Tiefkühlfach; ich erwach
und liege steif wie ein Huhn
und kann nichts dagegen tun -

Freezing… nicht nur in Liesing.

Bitte ein Achtel Madopar in Wasser aufgelöst,
nach einer halben Stunde bin ich von meiner
Steifigkeit erlöst.

Die DBS- OP ist gut gelungen,
gehen muss ich jetzt lernen notgedrungen.

"Geht net, gibts net." Negativäußerungen muss ich
lernen auszuschalten,
auf das Positive fokussieren und es im Auge
behalten:
Ich kann gehen, wartet ein bisschen; ihr werdet es
sehen.

Gewidmet meiner Ergotherapeutin Viktoria

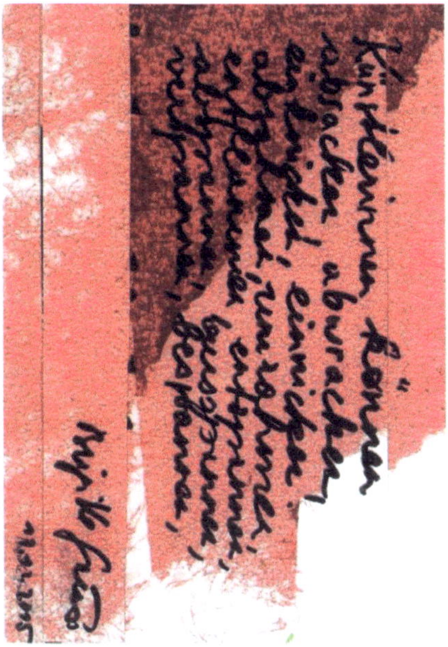

## Brigitte Gauss

Zeichnungen, Fotografie, Lichtobjekte, Installation, Texte…

1953 in Grieskirchen, Oberösterreich geboren
1978 Abschluß des Studiums an der Universität für Angewandte Kunst bei Prof. Oberhuber, Wien
lebt in Wien
Zahlreiche Ausstellungen u.- Beteiligungen im In- und Ausland, u.a.
- Obudai Tarsaskör Galeria, Budapest, 2010 City Art Museum
- Kurashiki, Japan, 2011 Kura Gallery

**Publikationen:**
2004 Brigitte Gauss, Zeit: Strukturen, de` A-Verlag, Gumpoldskirchen, Hrsg. Edith Almhofer
2000-2013 Sterz 84 res publica, Sterz 90 Geld, Sterz 104/105 Herzblut, Sterz 107/108 Freundschaft

## Danke, Mr. P!

Danke, Mr. P.? Jetzt werden viele denken: „Spinnt der, er bedankt sich bei einer Krankheit wie Parkinson!?" Ja, das tut er. Er heißt Sven, kommt aus einem kleinen Dorf in Mittelfranken und ist 45 Jahre alt und hat mit 43 Jahren die Diagnose Morbus Parkinson bekommen.

Und wie jeden anderen auch, hat es mich erst einmal umgehauen. Aber nach kurzer Zeit habe ich die Initiative ergriffen und mich mit Büchern und über das Internet (Foren, Selbsthilfegruppen etc.) und mit Gesprächen beim Arzt oder mit Freunden und Familie schlaugemacht. Ganz nebenbei und völlig unbewusst habe ich dadurch ein Netzwerk aufgebaut. Ein Netzwerk, das ich nicht mehr missen möchte. Ich habe Menschen kennengelernt, die ich im "normalen" Leben nie und nimmer getroffen hätte. Ja, sogar richtige Freundschaften sind entstanden! Und das sogar in der Zeit einer globalen Pandemie Namens Corona. Unfassbar wen man so alles kennenlernen kann, wenn man mit offenen Augen durch die Parkinson- Welt geht. Es geht soweit, dass ich in einer kleinen WhatsApp-Gruppe mit dem tollen Namen "Coole Typen mit Power" gelandet bin. In der tummeln sich nur Parkis, die so was von positiv verrückt sind - Wahnsinn, was da fast täglich darin zu lesen oder zu hören ist. Ein paar Beispiele gefällig?

Da findet man zum Beispiel Urlaubsbilder von einem am Paraglider hängenden Gruppenmitglied… JA! Auch mit Parkinson ist sowas noch möglich!

Oder man findet Einträge eines Mitgliedes der Gruppe, das einen in einer Art Tagebuch mitnimmt in einen Wellnessurlaub, der schon kurios und lustig mit der Anfahrt nach Bad Tölz beginnt. Es ist so herzlich geschrieben, dass man bei fast jeder Zeile schmunzelt, manchmal sogar lauthals über das Gelesene lacht.

Oder man bekommt von einem der Mitglieder Sprachnachrichten aus dem Auto (natürlich mit den Händen am Steuer, die moderne Technik macht dies ja möglich) mit praktischen Tipps oder lustigen Geschichten aus dem Parkinson-Alltag präsentiert. So ist man live beim Rückwärtseinparken dabei und mitten drin im Leben dieser Person.

Apropos mitten drin im Leben: Ja, das ist man auch mit Parkinson. Ich habe zum Beispiel das Fitnessstudio und das Tischtennisspielen für mich entdeckt. Zwei Dinge, von denen ich vorher nichts wissen wollte, denn ich war eher so der Typ „Kautschkartoffel" mit einem sehr, sehr, sehr großen inneren Schweinehund.

Ich engagiere mich auch viel in der Selbsthilfe, von der ich früher immer gedacht habe, dass die immer so nach dem Motto „...Hallo, ich bin der Kevin und ich leide an Parkinson..." abläuft. Aber mitnichten! Selbsthilfe kann auch Spaß machen! Das erlebe ich täglich. Einfach mal ausprobieren, es tut auch nicht weh! Versteckt euch nicht, geht raus! Egal wie schlimm es einen schon mit Parkinson erwischt hat. Ich habe in meiner Tischtennisgruppe einen 82-jährigen Mann, der einen Rollator benötigt, weil er es anders nicht mehr schafft. Er leidet enorm an den Überbewegungen. Beim ersten Besuch unserer TT-Gruppe dachte ich mir: "Ohweh, wie will er denn Tischtennis spielen? Ob das was wird?". Und wie das was geworden ist! Am Tisch steht er ohne Rollator und haut uns die Bälle nur so um die Ohren. Er hat die Krankheit während des Spiels total unter Kontrolle. Er kam nach der vierten Trainingseinheit zu mir und bedankte sich mit den Worten: „Vielen Dank für das Organisieren der Tischtennisgruppe, ich fühle mich jetzt wieder einer Gesellschaft zugehörig und habe meinen Lebensmut neu entdeckt!" Ich hatte Gänsehaut, dass könnt ihr mir glauben. Und so etwas bestätigt mich wieder: Wir können trotz Parkinson noch so einiges meistern in unserem Leben. Wir müssen uns nur einen Ruck geben. Hier kann auch gerne ein Familienmitglied dabei helfen. Oft brauchen wir nur ein wenig „Antrieb" von außen. Wer rastet, der rostet. Dieser Satz trifft in meinen Augen bei uns Parkis mehr zu, als bei jedem anderen.

Deshalb höre ich auch nicht auf, diese Krankheit den Menschen der Öffentlichkeit näherzubringen. Aufmerksamkeit erzeugen ist das Motto. Parkinson ist zwar (noch) nicht heilbar, aber es ist auch keine ansteckende Krankheit. Man muss keine Angst vor uns haben. Radiointerviews, Zeitungsartikel, Social Media – all diese Werkzeuge nutze ich, um für uns zu „werben" und auch anderen Betroffenen und deren Angehörigen Mut zu machen, noch etwas zu unternehmen im Leben. Sogar eine eigene Webseite habe ich gestartet, mit großem Erfolg.

Und klar, gibt es auch bei mir Tage, an denen ich am Boden zerstört bin und nicht mehr weiterweiß. Aber dann schaue ich kurz in unsere WhatsApp-Gruppe und weiß, ich bin nicht alleine. Die anderen bauen einen wieder auf. Oder ich raffe mich auf und „flüchte" ins Fitnessstudio oder gehe ins TT-

Training. Man darf mit unserer Krankheit durchaus einmal in ein Loch fallen, wichtig ist aber, dass man aus diesem Loch auch wieder rauskrabbelt. Auch Familie und Freunde können da sehr hilfreich sein.

Noch nie zuvor habe ich so viel positive Energie in mir verspürt. Durch Parkinson hat sich das verändert. Man muss sich nur darauf einlassen. Ein Spruch, den viele kennen, trifft hier meiner Meinung nach gut zu: „Wenn eine Tür zugeht, geht irgendwo eine andere auf…“, und wenn der Weg zu dieser Tür zu weit ist, dann schlage einfach ein Fenster ein und schau, was sich dahinter verbirgt.

Jetzt versteht ihr vielleicht, warum ich Mr. P. in diesem Punkt dankbar bin.

Es gibt noch so viel zu entdecken und zu tun, auch mit Parkinson! **Packen wir es an!**

**Sven Trautner** ist 45 Jahre alt, verheiratet und gelernter Fluggerätemechaniker. Zu seinen Hobbys zählen Eishockey, Tischtennis, der Besuch eines Fitnessstudios und lesen. Außerdem betreibt er mit sehr großem Erfolg seine Webseite www.parkinson-na-und.info, mit der er über Parkinson aufklären und mit praktischen Tipps den Alltag Betroffener erleichtern möchte.

# PARKINSON

## **– nicht nur Händezittern!**

Parkinson ist nicht „nur" Händezittern,
mehr als langsame Gehirnströme, die wild
gewittern.
Parkinson bringt deine kleine Welt zum Wanken,
wenn Kopf und Körper sich verzanken.
Wenn jeder Schritt zum schwersten wird,
dein Geist sich immer mehr verirrt.
Deine Erinnerung dir nicht mehr folgt,
Konzentration nicht so, wie eigentlich gewollt.
Auch der Schlaf nicht die gewünschte Ruhe bringt
und so mancher Tag dich in die Knie zwingt.
Medikamente und Bewegung dein A und O,
Therapien und positives Denken sowieso.

Sprache, Mimik und das Schlucken,
entweder Stillstand oder wildes Muskelzucken,
alles Routine wird zur Herausforderung,
Parkinson steht eben auch für Kursänderung.

**Und doch:**
Der Fiesling, er gewinnt nicht jeden Tag,
auch er muss sich fügen dem täglichen Spagat.
Ich kämpfe mit, so gut ich kann –
bewahre Haltung, Stabilität und Gang!
Bewahre Hoffnung und Träume mir,
damit ich nicht immer gegen IHN verlier.

Parkinson ist nicht „nur" Händezittern!
**Parkinson – ich werde trotzdem nicht verbittern!**

Thomas & Martha

## So viel mehr Leben

Die Diagnose Parkinson überraschte mich völlig unvorbereitet im Oktober 2019 bei meinem Neurologen. Wurde sie zuerst nur als Verdacht geäußert, nahm sie schnell Gestalt an und noch vor der klärenden Bildgebung war mir bereits klar: Das ist es – fast alle der beschriebenen Symptome aus den Infobroschüren habe ich in den letzten Jahren erlebt. Wie oft hatte ich das Gefühl, mir selbst fremd zu werden: die Ängste, die depressiven Phasen, diese alles umfassende Müdigkeit, die unklaren Schmerzen und Bewegungseinschränkungen, ja sogar das Nachlassen meines Geruchssinns – alles passte zusammen, wie ein Puzzle, bei dem jahrelang hartnäckig wichtige Teile fehlten.

Eine gute Freundin, die Neurologin war, riet mir: „Lies bloß nichts im Internet!". Natürlich tat ich das. Ich las im Internet – wo sonst hätte ich auf schnellem Wege so umfangreiche Informationen herbekommen können. Ich wollte alles wissen: Was ist das für eine Krankheit? Wie ist der Verlauf und wie die Prognose? Und vor allem: Wie schlimm kann es werden? Ich las nicht nur, ich schaute auch Videos auf YouTube von Menschen, die bereits seit vielen Jahren mit der Krankheit leben. Was ich las und sah, erschreckte mich zutiefst. Ich hatte das Gefühl, am

Abgrund zu stehen, alles was ich kannte und was mir lieb war, bald zu verlieren und in ein bodenloses leeres Loch zu fallen.
Ich bin mir sicher, wir alle, die von der Krankheit betroffen sind – ob Patienten oder Angehörige – kennen diese oder ähnliche Gefühle der tiefen Verzweiflung. Und ich glaube manchmal, diese Verzweiflung erlebt zu haben, ist wichtig. Wichtig, um daraus einen Neuanfang zu wagen. Mein Neuanfang war ein Podcast. Nie im Leben wäre ich ohne Parkinson auf die Idee gekommen, einen eigenen Podcast zu machen. Aber immer wieder schlich sich ein Gedanke in mein Bewusstsein: Es muss doch Menschen geben, die auch trotz Parkinson ein gutes Leben führen und die mir sagen können, wie das geht? Ich durchforstete das Netz nach positiven Geschichten und fand nahezu nichts. Das verstand ich als Aufruf, selbst damit zu starten.
Da ich seit einiger Zeit ein großer Fan von Podcasts war, kam schnell der Gedanke auf, diesen Weg zu wählen. Ich selbst empfinde beim Hören immer eine große Nähe zu den Stimmen und Menschen in meinem Ohr. Zudem lässt das Hören von Ton ohne Bilder viel Raum für die eigene Vorstellungskraft.
Als ich mir eine Folge von meiner Lieblingspodcasterin Laura Seiler anhörte zum Thema: „Wie mache ich einen Podcast?“, blieb ein

Satz von ihr hängen: „Es ist gar nicht wichtig zu wissen, wie es geht, das Wichtigste ist anzufangen.“ Und so kam es, dass ich ohne Ahnung und ohne technische Vorkenntnisse einfach mal einen Podcast und meine eigene Homepage startete.
Was soll ich sagen: Dieser Podcast hat mein Leben verändert! Das letzte Jahr in meinem Leben war so aufregend und vielfältig wie kaum eines zuvor. Durch den Podcast habe ich viele fantastische Menschen kennengelernt und ich habe aus ihren Geschichten ganz viel Mut geschöpft. Vor allem aber habe ich gesehen, dass es da draußen so viele Menschen gibt, die trotz Parkinson ein positives Leben führen. Aus jedem Gespräch nehme ich mir ein Stück für meinen eigenen Lebensweg mit und fühle mich dadurch wunderbar begleitet.
Wunderbar sind aber auch die vielen Rückmeldungen von Betroffenen und Angehörigen, die mit mir und den HörerInnen ihre Geschichten teilen und mich ermutigen weiterzumachen. Durch den Podcast bekam ich zufällig auch die Gelegenheit, einen Fernsehbeitrag mit Eckart von Hirschhausen für seine Sendung zu drehen. Auch das wäre mir doch ohne Parkinson vermutlich nie passiert.
Eine Freundin sagte mir kürzlich: „Kathrin, so blöd das klingt, aber ich glaube fast, das sollte so sein. Du erlebst diesen ganzen Mist mit Parkinson, weil

genau dieser Podcast und die positive Wirkung, die er bei anderen Betroffenen verbreitet, deine Aufgabe im Leben ist."
Was soll ich sagen, für mich klingt das stimmig. Ich bin weder religiös noch besonders spirituell, aber ich glaube inzwischen fest daran, dass das Leben es immer gut mit uns meint. Wir können nicht beeinflussen was uns im Leben passiert, aber wir haben immer in der Hand, wie wir darauf reagieren. Und ich glaube, wenn wir uns selbst treu bleiben, finden wir auch zu jeder Zeit die richtige Tür, die uns auf unserem Lebensweg voranbringt.
Seit vielen Jahren arbeite ich mit Familien, die rheumakranke Kinder haben. Viele von ihnen habe ich über mehr als ein Jahrzehnt begleitet und dabei einige tragische Geschichten, aber auch ganz viele beeindruckende und positive Entwicklungen erlebt. Es gab Familien, die trotz vergleichsweise leichter Erkrankung des Kindes schier verzweifelten und auseinanderbrachen. Und ich habe Kinder und Eltern erlebt, die trotz schwerer Verlaufsform und bitterer Schicksalsschläge eine Stärke und eine positive Lebenseinstellung entwickelt haben, die ich zutiefst bewundere.
Vor allem habe ich gesehen und erlebt: Es gibt immer einen Weg! Immer! Manchmal glaube ich, die langjährige Arbeit dort hat mich auf das vorbereitet,

was jetzt an Herausforderungen in meinem eigenen Leben zu bewältigen ist.
Dabei will ich nichts verharmlosen. Ja, Parkinson ist eine äußerst schwerwiegende Erkrankung. Ja, ich habe die Diagnose erst seit zwei Jahren. Ja, ich befinde mich derzeit vermutlich noch in der Honeymoon-Phase, in der die Medikamente meist gut wirken und ich mit regelmäßiger Einnahme noch ein weitgehend normales Leben führen kann. Vielleicht habe ich gerade noch gut reden. Vielleicht werde ich zunehmend bewegungsunfähig, vielleicht werde ich dement, vielleicht wird meine Familie unter meiner Erkrankung leiden.
Aber: Vielleicht wird die Parkinson-Krankheit durch meine positive Sichtweise und durch die vielen Bewegungsübungen sehr langsam verlaufen. Vielleicht steht mir noch ein äußerst vielseitiges Leben bevor, in dem ich auch durch die Erkrankung viele spannende Menschen treffe und an wunderbare Orte reise. Vielleicht werden meine Familie und ich durch die Erkrankung enger zusammenwachsen und gemeinsam daran wachsen. Vielleicht wird Parkinson bald heilbar.

Eines ist sicher: NIEMAND kann mir sagen, wie mein Leben in Zukunft sein wird, auch keine noch so erfahrene Fachperson. Und solange meine Zukunft

noch nicht geschrieben ist – liegt sie zuallererst in MEINER Hand.
Und ich glaube ganz fest daran: Wir haben so viel mehr Kraft in uns, als wir alle glauben, so viel mehr Liebe, als wir geben können, und so viel mehr Zukunft als unsere Sorgen und Ängste uns weismachen wollen.

In diesem Sinne: Nehmen wir doch unser Leben mal wieder selbst in die Hand und geben es nicht an diese ominöse Parkinson-Krankheit ab. Wir müssen uns nur – jeden Tag wieder neu – dafür entscheiden, denn wir haben noch so viel mehr Leben vor uns.
Den Mut und die Zuversicht dazu wünscht dir und euch von Herzen
Kathrin

**Kathrin Wersing** ist Jahrgang 1979, die Diagnose Parkinson erhielt sie im Alter von 40 Jahren. Sie ist verheiratet, hat zwei Söhne und lebt mit ihrer Familie in Münster/Deutschland. Als Dipl.-Sozialarbeiterin ist sie seit vielen Jahren in einem Selbsthilfeverein tätig und begleitet Familien mit rheumakranken Kindern.

2020 startete sie den Podcast „Jetzt erst recht – Positiv leben mit Parkinson", in dem sie mit inspirierenden Menschen spricht, die auf ihre jeweils ganz eigene Art einen guten Umgang mit der Krankheit gefunden haben.

Weitere Infos dazu unter www.jetzt-erst-recht.info

# Täglich drei Bäumchen

Liebe/r Leser/in, ich freue mich, dass du meine Geschichte liest. Hoffentlich ist es ok, wenn ich dich duze. Vielleicht hast du selbst Parkinson oder du bist gerade in der Phase der Diagnostik und bist noch gar nicht sicher, was du genau hast. Vielleicht bist du aber auch Angehörige(r) eines an Parkinson erkrankten Menschen oder aber du hast einfach Interesse – warum auch immer – mehr über Parkinson zu erfahren. Ich werde dich wahrscheinlich nicht kennenlernen – du aber mich, zumindest einen Teil von mir.
Warum möchte ich dir meine Geschichte erzählen? Ich setze mich seit Langem dafür ein, dem Parkinson eine Lobby zu geben. Ich möchte zeigen, dass wir, die Erkrankten, nicht nur Menschen sind, die vornübergebeugt und mit einem zitternden Arm oder Kopf durch die Gegend laufen. Ich möchte zeigen, dass die Erkrankung nicht nur Ältere trifft, sondern auch immer mehr jüngere Menschen erkranken. Ich möchte darstellen, dass wir, die Erkrankten, genauso ein Teil der Gesellschaft sind.
Ich möchte dir einen Einblick verschaffen, wie es sich anfühlt, mit Parkinson zu leben, und was mir, als Erkranktem persönlich wichtig ist. Ein Neurologe, Leiter einer Reha-Einrichtung, hatte in seinem

Vortrag zum Thema Parkinson einmal gesagt: „Sie können die (Anmerkung: andere an Parkinson erkrankte Menschen) auch zum Geburtstag einladen!“ Ich hatte diesen Vortrag gemeinsam mit einer Freundin, die ebenfalls erkrankt ist, besucht und wir guckten uns nur ungläubig an. Ich fand die Aussage zum einen sehr amüsant, aber auf der anderen Seite auch sehr erschreckend. Auf jeden Fall hat sich dieser Satz bei mir eingebrannt und mir bewusst gemacht, dass sich in den Köpfen etwas tun muss!
Aber ich möchte nicht nur eine Lobby schaffen, sondern in erster Linie Mut machen. Wem? Dir, entweder indem ich dir als Erkranktem Mut mache und berichte, dass man auch mit Parkinson leben kann. Dabei behaupte ich nicht, dass es wie vor der Diagnose ist, aber das Leben ist nicht vorbei! Oder dir als Angehörigem/r, indem du einen Einblick bekommst, was ich erlebt habe und wie ich fühle und empfinde. Und natürlich auch dir, der/die Interesse am Thema Parkinson hat, mit ebenjenen Berichten und weiteren Fakten. Alles, was ich schreibe und berichte, sind meine eigenen Erfahrungen und meine Sichtweise. Ein anderer Erkrankter kann darüber ganz anders denken. Wie heißt es immer so schön? „Jeder hat seinen eigenen Parkinson.“ Das bedeutet nichts anderes, als dass man die Symptome und den Verlauf nicht miteinander vergleichen kann.

Nun fragst du dich, wer ich eigentlich bin. Die meisten nennen mich Chris und ich habe im Oktober 2017 die Diagnose „Morbus Parkinson“ erhalten. Zu dem Zeitpunkt war ich gerade einmal 37 Jahre alt. Jetzt denkst du wahrscheinlich genau das, was ich meist als Erstes höre, wenn ich von meiner Diagnose erzähle, nämlich: „Du bist ja noch so jung!“ Ja, das ist so und das weiß ich. Die Reaktion verstehe ich, kann sie aber genauso wenig hören. Am besten sagt man dazu gar nichts oder so etwas wie: „Ach, das ist ja Mist/Sch…!“ Damit kann ich persönlich besser umgehen.

Zu dem Zeitpunkt der Diagnose stand ich mitten im Leben, hatte einen Job, den ich mit Freude gemacht habe, und war auch privat sehr glücklich. Heute, vier Jahre später, bin ich immer noch sehr glücklich. Meine Sichtweisen haben sich teilweise geändert, ich habe neue Kompetenzen und eine Menge Wissen erworben. Ich habe tolle Menschen kennengelernt, die ich in meinem Leben nicht missen möchte. Prioritäten haben sich verschoben, viele neue Hobbys sind hinzugekommen und meine Kreativität hat sich entwickelt.

**Die Diagnose**

Wie kam es eigentlich zur Diagnose? Ich merkte schon länger, dass etwas nicht stimmte. Ich hatte ein leichtes Zittern, heute weiß ich, dass man es Tremor

nennt, in der linken Hand und teilweise auch im Arm. Ab und zu wurde ich darauf angesprochen. Ich tat es dann damit ab, dass ich zu wenig getrunken oder schlecht geschlafen hätte. Rückwirkend betrachtet schwirrte das Wort PARKINSON schon in meinem Kopf umher. Aber ich wollte es nicht wahrhaben! Ich bin doch noch so jung, siehe oben. Zudem fand ich dieses Wort auch so schrecklich – und mag es heute auch noch nicht. Bis auf eine über sehr viele Ecken Verwandte kannte ich auch niemanden, der an Parkinson erkrankt war. Heute weiß ich, dass es ca. 400.000 Erkrankte in Deutschland gibt, wovon 5-10 % bei der Diagnose unter 40 Jahre sind, Tendenz steigend.
Das Zittern wurde häufiger und dann irgendwann auch stärker und somit sichtbarer. Im Sommerurlaub saß ich mit einem meiner besten Freunde in unserem Lieblingscafé, wir tranken etwas, beobachteten das Treiben; das liebe ich im Urlaub. Und da war es wieder, das Zittern! Mein Freund, der links neben mir saß, legte seine rechte Hand auf meine linke, guckte mich an und ich wusste genau was er hätte sagen wollen. Er brauchte es nicht aussprechen. Wir haben uns kurz zugeblinzelt und alles war gesagt.
Zurück in Hamburg ging ich nach einem stressigen Arbeitstag zu meiner damaligen Hausärztin. Bis dahin hatte ich sie nur selten in Anspruch nehmen müssen. Ich muss wohl ziemlich komisch

dagesessen sein. Wie dem auch sei; sie meinte, ich müsste sofort ins Krankenhaus und stellte mir eine entsprechende Einweisung aus. Welchen Verdacht sie hatte, äußerte sie mir gegenüber nicht. Ich sollte sofort in die Notaufnahme, was ich persönlich etwas übertrieben fand. Somit begab ich mich erst am Folgetag dorthin. Dort war zum Glück nicht viel los und ich wurde nicht wieder weggeschickt, obwohl man sich fragte, warum ich in die Notaufnahme geschickt wurde, denn ein Notfall war ich nun wirklich nicht.

Nach kurzer Wartezeit kam ein Neurologe, der mich in ein kleines fensterloses Behandlungszimmer mitnahm. Dort wurden dann verschiedene Tests durchgeführt, zum Beispiel musste ich auf dem Gang hin- und herlaufen. Eine Studentin kam hinzu, die weitere Tests durchführte.

Dann endlich war die Verdachtsdiagnose gestellt und es wurde mir gegenüber das erste Mal das Wort Parkinson geäußert. Da ich ja schon eine Vorahnung hatte, war ich nicht so geschockt, aber schon geplättet. Zur Festigung der Diagnose hatte ich die Wahl zwischen einem ambulanten Neurologen, den ich ja nicht hatte, und einem stationären Aufenthalt. Ich entschied mich für Letzteres.

Kurze Zeit später fand ich mich dann auf der Neurologie ein, wo ich eine Woche verbringen sollte.

Damals hatte ich von all dem noch keine Ahnung und wusste nicht, was auf mich zukommen würde. Ich wurde einmal komplett auf den Kopf gestellt. Vom Bewegungstest über Feinmotorik bis hin zum Ultraschall und einem DAT-Scan. Hier bekommt man eine radioaktive Flüssigkeit verabreicht, damit man auf den Bildern, ähnlich einem MRT, einen Kontrast hat. Geschaut wird nach der „Substansia nigra" dem Bereich der Nervenzellen, der den Botenstoff Dopamin produziert. Diese Substanz wird bei Parkinson-Patienten immer weiter abgebaut und nicht nachproduziert.
Dadurch kommen unter anderem auch die Bewegungseinschränkungen. Der DAT-Scan wird meist zur abschließenden Klärung gemacht, da er ziemlich sicher sein soll.
Am Ende der ganzen Untersuchungen stand der L-Dopa-Test. Hier macht man zunächst einen motorischen Test und erhält dann hochdosiertes Dopamin. Nach einer bestimmten Zeit wird der motorische Test wiederholt und die Ergebnisse werden miteinander verglichen. Der zweite Test fiel bei mir deutlich besser aus, sodass am Ende aller Tests und Untersuchungen klar war: „Sie haben Parkinson!"
Bäääääm!
Der 18.10.2017 war somit der Startschuss in mein Leben mit Mr. P.!

**Erste Schritte nach der Diagnose**

Was nun? Das fragte ich mich und tat das, was wohl die meisten in einer solchen Situation tun würden und setzte mich erstmal an den Computer. Das World-Wide-Web mit Dr. Google bietet eine Unmenge an Informationen, sinniger und unsinniger Natur. Aber das wusste ich zu dem Zeitpunkt noch nicht. Schnell habe ich aufgehört, selbst Antworten auf meine Fragen im Netz zu suchen, sondern habe dies an einen meiner besten Freunde abgegeben, wofür ich immer noch dankbar bin. In diesem Zusammenhang nenne ich ihn auch gern meinen „Katalysator“. Diese Vorgehensweise kann ich nur empfehlen; teilweise setze ich diese heute noch ein.

Was ich jedoch im WWW auch gefunden habe war die Plattform einer Selbsthilfegruppe mit einem angeschlossenen Chatroom. Hier hatte ich meine ersten, nicht nur angenehmen, Begegnungen mit anderen Erkrankten. Dort erfuhr ich von einem Treffen einer Gruppe in meiner Heimatstadt und wurde von einem „Chatbekannten“ überredet, doch auch zu kommen. Ich sagte zunächst zu, bekam dann Muffensausen, bin aber schlussendlich doch hingegangen. Dort machte ich meine erste reale Begegnung mit anderen Erkrankten. Das war ein sehr schwerer, aber wichtiger Schritt für mich. Es folgte ein Kennenlernen und ein Austausch fand

statt. Für den Anfang war dies genau richtig für mich.
Ansonsten lief alles wie davor. Ich habe gleich weiter gearbeitet. Nur war die Frage, wie gehe ich mit der Diagnose im Job um. Ich habe mich dazu entschlossen, meine direkten Vorgesetzten und die engsten Kollegen einzuweihen. Auch dies war für mich wichtig, damit ich zum einen nicht unter einen falschen Verdacht komme; mit dem Tremor kommt oft die Vermutung auf, dass man ein Alkoholproblem hat. Zum anderen wollte ich mich nicht verstecken, schließlich habe ich mir die Krankheit nicht ausgesucht. Eigentlich habe ich durchwegs positive Resonanz erhalten und bin sehr froh, diesen Schritt getan zu haben. Mittlerweile bin ich sogar Mitglied der Schwerbehindertenvertretung. Das „Outing" im Job war für mich wahrscheinlich unkompliziert, da ich in einer großen Institution arbeite. Von anderen Erkrankten habe ich gehört, dass sie Probleme hatten und diese teilweise immer noch haben. Man kann also keinen Rat geben, was richtig oder falsch ist.
Nach der Diagnose habe ich mir als Erstes eine neue Hausärztin gesucht. Von nun an brauchte ich einen guten Arzt, der mich kennt und dem ich vertraue. Die Hausärztin habe ich schnell gefunden, anders als einen guten Neurologen. Es ist unabdingbar, einen Neurologen zu haben, um die entsprechenden

Medikamente und Therapien zu erhalten und medikamentös richtig eingestellt zu werden. Über Umwege und durch Kontakte habe ich dann einen auf Parkinson spezialisierten Neurologen gefunden.

**Tagesklinik/Komplextherapie/Reha**

Einmal im Jahr hat man als Erkrankter die Möglichkeit, eine Tagesklinik zu besuchen oder alternativ eine Komplextherapie zu absolvieren. Die ersten drei Jahre habe ich mich für den Besuch einer Tagesklinik entschieden. Dort ist es so, dass man innerhalb von drei Wochen an fünf Tagen in der Klinik ist und verschiedene Untersuchungen durchgeführt werden und man unterschiedliche Therapiearten, wie zum Beispiel die Musik- oder Ergotherapie kennenlernt. Zudem wird geprüft, ob die Medikamenteneinstellung noch passend ist oder ob etwas umgestellt werden muss. Die Zeiten zwischen den einzelnen Terminen verbringt man mit anderen Patienten der Tagesklinik.

Wenn du dich für den Besuch einer Tagesklinik oder für eine Komplextherapie entscheidest, musst du dir bewusst sein, dass du auf andere Erkrankte triffst. Diese können ganz andere Symptome haben oder sich in einem weiter fortgeschrittenen Stadium befinden. Ich persönlich finde es immer spannend und interessant, andere Menschen und deren Geschichte kennenzulernen. Unter anderem habe ich bei einem Aufenthalt in der Tagesklinik einen Betroffenen kennengelernt, der eine Tiefe Hirnstimulation (THS) hat machen lassen. Ganz kurz gesagt ist die THS eine Art Hirnschrittmacher, der von außen steuerbar ist und im Gehirn eingesetzt wird. Bestimmte Bereiche werden auf beiden Seiten des Gehirns elektrisch stimuliert, um die Symptome zu lindern.

Auch hatte ich hier das erste Mal Kontakt zu einer Parkinson-Nurse. Dies sind speziell ausgebildete Krankenschwestern und -pfleger, die sich um Parkinson-Patienten kümmern. In Deutschland gibt es ca. 120 Parkinson-Nurses, deren Arbeit ich sehr schätze und wichtig finde.

Dieses Jahr habe ich mich erstmalig für eine Komplextherapie entschieden und bin nach einem kurzen Aufenthalt in einer Klinik, die in meinen Augen nicht gut für mich war, in einer hervorragenden Klinik an der Ostsee gelandet. Die ärztliche, pflegerische und therapeutische Versorgung ist dort sehr gut. Alles funktioniert ganzheitlich Hand in Hand. Auch hier wird man medikamentös neu eingestellt und optimiert. Zudem gibt es diverse Therapieeinheiten aus den verschiedensten Bereichen. Die Zeit außerhalb der Therapien kann man für sich nutzen, was mir persönlich nicht schwerfällt. Zudem hatte ich den Luxus das Zimmer, welches über einen Ostsee-Blick verfügte, allein nutzen zu können. Nachts bei offenem Fenster bei Meeresluft und Wellengeräuschen zu schlafen ist Balsam für meine Seele gewesen.

Nachdem ich jetzt beide Varianten kenne, würde ich jederzeit eine Komplextherapie vorziehen, da man hier aus dem Alltag herauskommt und sich voll und ganz auf sich konzentrieren kann. Je nach Einrichtung ist ein Aufenthalt von 2-3 Wochen vorgesehen. Aber die Entscheidung, was für einen besser passt, muss jeder für sich selbst treffen.

Als chronisch Kranker darf ich alle zwei Jahre eine medizinische Rehabilitationsmaßnahme in Anspruch nehmen.

2018 nahm ich dies zum ersten Mal in Angriff und verbrachte sechs Wochen in einer Reha-Klinik. Ich freute mich sehr darauf. Mein Aufenthalt fiel in die heißeste Sommerperiode. Für mich war ja alles neu und ich war begeistert! Viele verschiedene Anwendungen und Therapien. Dazu lernte ich eine nette kleine Gruppe kennen. Wir waren alle relativ gleichaltrig und haben oft zusammen gegessen und die freie Zeit gemeinsam mit Spaziergängen an den nahegelegenen See, schwimmen im Hallenbad oder auch beim Rollstuhl-Basketball genutzt. Dies hat mich sehr beeindruckt und mir besonders viel Freude bereitet. Ich lernte Rollstuhl zu fahren und machte somit wieder eine neue Erfahrung, die ich

nicht missen möchte. Mit einigen aus der Gruppe pflege ich auch heute noch Kontakt.
Meine zweite Reha machte ich dann zwei Jahre später in der gleichen Klinik. Diesmal war es Winter und es war Corona. Beides hatte Auswirkung auf den Verlauf. Durch die Abstandsregelungen sowie die Vorgaben, dass man Frühstück und Abendbrot nur an einem Einzeltisch zu sich nehmen durfte und das Mittagessen im Zimmer serviert wurde, war es schwierig, Kontakte zu knüpfen. Zu meinem Glück war zeitgleich eine Freundin von mir dort und wir konnten uns austauschen und am Wochenende auch mal zum Einkaufen fahren. Auch die ärztliche Betreuung war für mich nicht zufriedenstellend. Nichtsdestotrotz empfand ich die verschiedenen Anwendungen und Therapien als positiv und ich lernte auch diesmal wieder viel Neues, wie zum Beispiel das Töpfern. Wenn du noch zweifelst, ob du eine Reha machen sollst oder nicht – tu es!
Zeit für sich und die therapeutischen Anwendungen zu haben ist so wertvoll. Wenn du vor Ort mit irgendetwas nicht einverstanden bist oder es nicht verstehst, frage nach und lass es dir erklären. Es gibt überall Ansprechpartner, wie u.a. auch den Sozialdienst.

**Der Weg in die Selbsthilfe**

Meine ersten Erfahrungen mit einer Selbsthilfegruppe habe ich dir ja bereits erzählt. Es tat gut, andere Erkrankte zu treffen und kennenzulernen und sich auch mit ihnen auszutauschen. Ich habe eine Menge gelernt und Wege entdeckt, Informationen zu erhalten. Aber irgendetwas fehlte mir beziehungsweise passte nicht für mich. Was genau? Das kann ich dir gar nicht so genau sagen.

Eines Tages wurde ich von einer bundesweiten Selbsthilfegruppe kontaktiert und hatte ein langes Telefonat und später ein persönliches Kennenlernen mit dem Vorstand. Danach entschied ich mich, eine Regionalgruppe in meiner Heimatstadt zu gründen und auch zu leiten. Ich hatte viele neue Ideen und Inspirationen und einfach Lust loszulegen – was ich auch tat. Beim ersten Treffen mit sechs Teilnehmern schmiedeten wir viele Pläne. Diese wurden dann, wie so vieles, vom Corona-Virus durchkreuzt. Es gab eine lange Pause, in der ich gesundheitlich angeschlagen und in Bezug auf die Selbsthilfe weniger aktiv war.

Vor einigen Monaten habe ich dann wieder richtig Gas gegeben. Ich habe eine Facebook-Seite und einen Instagram-Account angelegt. Hierdurch kamen einige neue Mitglieder hinzu und die Gruppe ist gewachsen. Treffen, in denen wir uns rege

austauschen, finden bisher nur virtuell statt. Die Rückmeldungen der Gruppenmitglieder, die ich erhalte sind genau das, was mich motiviert, mich intensiv mit der Thematik auseinanderzusetzen und mein Wissen zu teilen. In Kürze findet das erste Treffen im „wirklichen" Leben statt, worauf ich mich schon sehr freue.
Neben meiner eigenen Gruppe bin ich in verschiedenen Facebook-Gruppen Mitglied, wo ich viele Informationen erhalte. Zudem gibt es eine kleine WhatsApp-Gruppe, in der wir uns täglich austauschen, und das nicht nur zum Thema Parkinson. Wir schreiben über Gott und die Welt, sind füreinander da, obwohl wir uns persönlich gar nicht kennen, zumindest die meisten. Für mich bietet die Selbsthilfe, in welcher Art und Weise auch immer, einen wichtigen Baustein in meinem Leben, den ich nicht missen möchte. Parkinson gehört seit vier Jahren zu meinem Leben dazu. Ich akzeptiere ihn und lasse ihn nicht mein Leben bestimmen. In Groll oder Unmut zu verfallen bringt nichts. Da verwende ich meine Energie lieber für die schönen Dinge im Leben. Das Leben ist zu toll, um aufzugeben.

**Das Leben mit Mister P.**

Das Leben mit ihm ist bestimmt nicht immer einfach. Aber ich genieße viele Dinge und schätze diese mehr

als vorher. Wer weiß, ob ich das ohne Mister P. jemals in dieser Form getan hätte. Ich habe einmal in einem Buch gelesen, dass jemand die Krankheit als ein Geschenk betrachtet hat. Heute weiß ich, was er damit meinte.
Natürlich kommen immer wieder Einschränkungen. Einige bleiben und einige gehen wieder weg. Das nervt manchmal echt tierisch, aber hinterher weiß ich umso mehr zu schätzen, was ich noch alles kann. Ich richte meinen Fokus darauf was noch geht, und nicht auf das, was nicht mehr geht.

**Therapien & Bewegung**

Sport und ich? Wir waren und sind keine Freunde! Ich glaube auch, dass wir es nie werden. Aber Bewegung ist bei Parkinson das A & O. Also habe ich mich im Fitnessstudio angemeldet, Nordic-Walking Stöcke organisiert etc. Mit Sportutensilien bin ich jetzt gut ausgestattet, aber oft siegt der innere Schweinehund. Zusätzlich probiere ich verschiedene Dinge, wie zum Beispiel Yoga, aus. Durch einen Unfall habe ich mir die Schulter gebrochen und war eine gewisse Zeit nicht in der Lage, mich zu bewegen wie vorher und wie es mir guttäte.
Nachdem ich endlich wieder fit war, bekam ich Probleme mit dem Fuß und konnte wieder keinen Sport machen und mich schlecht bis kaum bewegen. Diese beiden Phasen haben mir gezeigt, wie wichtig

Bewegung ist. Also, sobald ich wieder laufen kann, heißt es: bewegen, bewegen und bewegen.

Zu der normalen Bewegung durch Sport sind für mich auch die Therapien wichtig. Aktuell habe ich Physiotherapie, Logopädie und Ergotherapie. Das ist ein straffes Programm, wenn man, so wie ich, auch noch in Vollzeit arbeitet. Aber es lohnt sich. Ich merke förmlich, wie gut es mir tut. Spätestens nach zwei Wochen Pause freue ich mich schon wieder auf die Termine. Was mir dabei ganz wichtig ist, ist, dass ich mit den Therapeuten klar komme. Und ich muss sagen, dass ich mit meinen jetzigen Therapeuten ein riesiges Glück habe. Ich gehöre da quasi schon zum Inventar, kein Wunder bei drei Tagen Anwesenheit in der Woche.
In den letzten vier Jahren habe ich einige Therapeuten kennengelernt und erlebt. Mit den meisten bin ich gut zurechtgekommen. Was ich generell schwierig finde, ist ein häufiger Wechsel der Therapeuten, wenn man zum Beispiel in einer großen Praxis ist. Man muss dann jedes Mal wieder seine Geschichte erzählen und jeder Therapeut hat einen anderen Ansatz.
Bei den Therapien ist es sehr wichtig, vorbeugend zu arbeiten und nicht erst wenn die Beschwerden schon auftreten. Wichtig ist dies bei mir zum Beispiel bei der Logopädie. Ich hatte schon immer eine leise

Stimme, aber durch Mister P. wird sie teilweise noch leiser. Wir trainieren nicht nur die Stimme, sondern auch das richtige Atmen und die Körperhaltung. Das Tolle ist, dass man einige Übungen auch spielerisch gestalten kann und das macht dann sogar Spaß.

Bei der Physiotherapie geht es bei mir ganz viel um die Haltung und Dehnung und, was ich besonders angenehm und entspannend finde, eine anschließende Wärmebehandlung, bei der ich übrigens fast jedes Mal einschlafe.
Dreimal pro Woche gehe ich zur Ergotherapie. Das ist recht häufig, aber das ist eine bewusste Entscheidung von mir. So bin ich wenigstens an diesen Tagen gezwungen, die Übungen zu machen. Wir arbeiten hier viel an der Aufrichtung, benutzen oft die Smovey Ringe, die ich nur empfehlen kann. Das sind zwei ovale oder auch runde Ringe, die mit Stahlkugeln gefüllt sind. Die entstehenden Schwingungen haben positiven Einfluss auf die Bewegung. Des Weiteren üben wir die Feinmotorik und verbessern beziehungsweise erhalten das Schriftbild. Die Schrift wird bei vielen Erkrankten, so auch bei mir, immer kleiner und weniger leserlich.
Zum Abschluss jeder Stunde machen wir die Bäumchen-Übung. Diese trainiert unter anderem das Gleichgewicht. Die Übung machen wir immer dreimal. Warum? „Weil im Märchen auch immer

alles DREIMAL ist!“ Ich finde die Begründung sehr lustig und man muss diese auch nicht verstehen. Du siehst, bei Therapien kann man eine Menge Spaß haben!
Und jetzt weißt du auch, warum ich meine Geschichte „Täglich drei Bäumchen“ genannt habe. Sie stehen für eine Routine, welche bei Parkinson ebenfalls wichtig ist.

**Reisen? Warum nicht…**
In meinem Leben vor Mister P. bin ich sehr gern gereist. Mal ein Wochenendtrip nach Wien oder Oslo, den Sommerurlaub auf Mallorca oder in Lissabon. Und jetzt? Was mache ich mit Mister P.? Egal, ich reise trotzdem. Ich habe eine Karte in EC-Kartenformat, auf der steht „Bitte haben Sie Verständnis, ich habe Parkinson.“ Diese Karte zeige ich beim Fliegen dem Boarding-Personal, sodass ich immer Priority-Boarding bekomme und keinen Stress beim Warten in der Schlange habe. Ich kann in Ruhe das Handgepäck verstauen und meinen Platz einnehmen.
Wenn du keine solche Karte hast, sag den Angestellten einfach, dass du an Parkinson leidest. Meist sind diese verständnisvoll und lassen dich deshalb vor. Ich habe damit schon die eine oder andere Anekdote erlebt.

Reisen ist oft stressig. Kriegt man noch den Zug? Wo fährt der Bus ab etc. In solchen Situationen wird mein Tremor doller und deutlich sichtbar. Mittlerweile kann ich damit gut umgehen, aber das ist ein Lernprozess. Wenn es geht, versuche ich immer genug Zeit einzuplanen und Dinge, die ich nicht ändern kann, relaxed zu sehen.
Zudem habe ich einen Urlaubsort gefunden, der zu meiner zweiten Heimat geworden ist. Das hat den Vorteil, dass ich den Reiseweg und den Ort kenne. Ich komme an und kann sofort abschalten.

**Hilfe annehmen und einfordern**

Ich glaube, was jedem schwerfällt ist, Hilfe anzunehmen und noch mehr, sie auch aktiv einzufordern. Mir geht es jedenfalls so – besser gesagt – ging es mir so. Durch Mister P. fällt mir einiges schwerer und einiges kann ich nicht mehr so gut selbst erledigen. Also, was bleibt mir da anderes übrig, als die mir angebotene Hilfe anzunehmen oder auch mal zu sagen „Könntest du mal…?“ Wenn man allein unterwegs ist, hat man oft keine andere Möglichkeit, als jemanden anzusprechen, wenn eben etwas nicht alleine geht. Eigentlich dachte ich, dass dieses Kapitel bei mir erst später kommen würde, aber wie heißt es so schön: „Man plant etwas und dann kommt das Leben.“ Das Leben bedeutete bei mir, einen Verkehrsunfall, bei dem ich mir die linke

Schulter brach und quasi aufgeschmissen war. Das fing beim Essen an, Messer und Gabel funktionierten nicht mit nur einer Hand, und ging über das Haarewaschen bis zum Anziehen. „Wer eine Jogginghose trägt, hat die Kontrolle über sein Leben verloren", sagte einmal ein Modeschöpfer. Nein, Herr Modeschöpfer, ich konnte mich schlichtweg nicht eigenständig anziehen, und da ich nicht immer jemanden fragen wollte – oder ja auch nicht immer jemand da ist – sind die Dinger manchmal eine gute Lösung. Alles hat seine Zeit und geht vorbei. Ich konnte zur ambulanten Reha und mich um einiges besser bewegen und brauchte nicht mehr so viel Hilfe. Das war ein schönes Gefühl und glaube mir, hinterher weiß man es viel mehr zu schätzen, dass man Dinge eigenständig erledigen kann.
Dann kam eine stationäre Rehabilitation aufgrund von Mister P., von der ich bereits kurz erzählt habe. Hier bekam ich Probleme mit meinem rechten Fuß, sodass ich teilweise gar nicht laufen konnte. Es ging immer eine bestimmte Strecke gut und dann ging plötzlich gar nichts mehr, da ich heftige Schmerzen in meinem Fuß hatte. Da fing es wieder an, dass ich Hilfe einfordern musste. Hilfe einfordern heißt aber nicht automatisch, dass einem auch geholfen wird. Bis ich mein erstes Paar Krücken erkämpft hatte, dauerte es zwar eine Weile, aber auch das habe ich geschafft.

Ich konnte schlecht laufen und musste mich daran gewöhnen, die Krücken zu halten oder irgendwo anzulehnen. Natürlich fielen sie fast jedes Mal prompt um – und schon musste ich wieder um Hilfe bitten, da ich sie nicht wieder alleine aufheben konnte.

Aber was soll ich dir sagen? Es ist gar nicht mehr so schlimm wie am Anfang. Was ich echt erschreckend finde, ist jedoch auch, wie wenig andere Menschen auf ihre Mitmenschen achten. Dadurch, dass ich wegen meines verletzten Fußes kein Auto fahren kann, bin ich viel mit dem öffentlichen Personennahverkehr unterwegs. Eigentlich habe ich es so gelernt, dass man einem älteren oder eingeschränkten Menschen einen Platz anbietet, wenn dieser einsteigt. Wie viele Menschen sind denn mit dem D-Zug durch ihre Kinderstube gefahren? Teilweise sind andere Fahrgäste so ignorant, dass ich auch schon mal gern einfach demonstrativ stehen bleibe, bis sie es merken oder auch nicht! Aber es gibt auch viele andere, die möchte ich hier nicht vergessen. Es wird einem die Tür aufgehalten oder auch werde ich häufig gefragt, ob ich Hilfe benötige.

Irgendwann werde ich vielleicht wegen Mister P. ganz bewusst Hilfe einfordern müssen und das muss man erst einmal lernen – Hilfe einfordern oder

annehmen können. Was ich gar nicht mag ist, wenn man mir etwas ungefragt abnimmt, weil man meint, das wäre doch bestimmt jetzt gerade gut. Fragt mich oder auch andere Betroffene einfach! Ich kann zwar gewisse Dinge nicht mehr, aber ich kann noch denken und möchte selbst entscheiden, wie etwas gemacht wird und auch ob.
Hilfe annehmen heißt auch, ein Stück loslassen oder auch abgeben. Du fragst dich jetzt was man abgibt? Ein Stück Kontrolle und ein Stück Verantwortung sowie Selbstbestimmung. Deutlich ist mir dies geworden, als ich in meinem eigenen Auto gefahren wurde und somit auf den Beifahrersitz verbannt wurde. Ich ertappte mich dabei, dass ich solche Dinge sagte wie „Jetzt wäre hochschalten ganz gut!" oder „Da vorne kommt ein Blitzer!" und so weiter. Dann fragte ich mich, wie ich als Helfer in der Situation reagieren würde. Und? Ich wäre genervt hoch sieben! Wenn ich also Hilfe annehme in der Form, dass ich in meinem eigenen Auto von A nach B chauffiert werde, gebe ich mit dem Autoschlüssel auch die Verantwortung ab. Eigentlich mache ich ja nichts anderes, als wenn ich in ein Flugzeug oder in eine Bahn steige. Ich laufe ja auch nicht zum Piloten und sage ihm, dass ich die andere Landebahn nehmen würde.

## Symptome und Medikamente mit ihren Nebenwirkungen

Mister P. bringt so einige Symptome mit sich. Da hat jeder Erkrankte seine eigene Kombination. Jeder hat seinen eigenen Verlauf und man kann diesen schlecht bis gar nicht mit dem anderer vergleichen. Neben den typischen Symptomen, wie Schlafstörungen, teilweisem Verlust des Geruchssinnes und dem Tremor habe ich momentan Probleme mit der Fingersteifigkeit. Das bedeutet, dass ich meine Finger teilweise nicht selbstständig bewegen kann. Also, wenn die Finger ausgestreckt sind, kann ich sie nicht ohne äußerliche Unterstützung bewegen, dies ist gerade beim Greifen mehr als hinderlich.

Ebenso ist es bei den Nebenwirkungen der Medikamente. Der eine verträgt die Medikamente, der andere nicht und hat eventuell sogar Nebenwirkungen. Diese können teilweise auch ziemlich krass sein, sodass die Medikamente durch andere ersetzt werden müssen. Ich selbst nehme dreimal am Tag Tabletten und morgens zusätzlich ein Pflaster. Das morgendliche Ritual von der Tabletteneinnahme und dem Kleben des Pflasters ist für mich immer eine Herausforderung. Warum? Das kann ich gar nicht so genau sagen. Ich zögere die Einnahme der Tabletten gern hinaus und bin dann froh, wenn ich es geschafft habe. Eigentlich ist nichts

dabei. Und das Kleben des Pflasters? Tja, das bedeutet erstmal das vorherige zu entfernen, was oft wehtut, dann das neue aufzutragen und 30 Sekunden fest aufzudrücken, damit es wirkt. Ich finde es schrecklich! Wenn ich es einmal vergesse oder es sich tagsüber ablösen sollte, was ich dann eventuell nicht bemerke, habe ich nachts oft Restless-Legs. Das bedeutet für mich dann eine Nacht mit wenig Schlaf. Sobald ich liege, fangen die Beine an zu kribbeln bis hin zum Zucken und das ganze immer und immer wieder von vorne. Durch einen Zufall lernte ich in einer Weiterbildung den Leiter einer Selbsthilfegruppe für Menschen mit Restless-Legs kennen. Von ihm bekam ich Tipps, die ich bei nächster Gelegenheit sofort ausprobierte. Und was soll ich sagen? Es hat geklappt!
I love networking!

Was sich durch Mister P. bei mir entwickelte, ist die kreative Seite. Ich hatte es schon häufiger gelesen und gehört, dass Erkrankte anfingen zu malen, zu stricken oder sonstige kreative Dinge zu tun. Bei mir dauerte es ein wenig, passierte aber auch. Es fing damit an, dass ich bei meinen Eltern zu Besuch war und meine Mutter mir zeigte, was sie upgecycled hatte. Ich fand das toll und wollte es auch ausprobieren. Es ging dann über in die Erstellung von Grußkarten, welche im Freundes- und

Bekanntenkreis guten Anklang fanden, bis hin zum Nähen, was mir bis heute am meisten Freude bereitet. Die Grundlagen lernte ich in der ambulanten Reha kennen und habe dann noch ein wenig von einer Freundin dazu gelernt. Und ein wenig wurde mir bestimmt auch in die Wiege gelegt, denn meine Oma ist eine gelernte Schneiderin. Für den Rest gibt es gute Tutorials im Internet. Und nun ja, ich muss sagen, so nach gut einem Jahr habe ich schon einiges gelernt und fabriziert. Ich liebe es durch Stoffläden- oder abteilungen zu stöbern und mich in jeder freien Minute vor die Nähmaschine zu hauen.

**Die Entdeckung der Langsamkeit**

Durch Mister P. kann es sein, dass durch Bewegungseinschränkungen alles beziehungsweise vieles etwas langsamer wird. So ist es bei mir auch, momentan gepaart mit dem verletzten Fuß. Einschränkungen in der Schulter tun ihr Übriges - beim Anziehen, von Jacken zum Beispiel dauert es daher schon ein Weilchen länger. Das in der Summe hat mich früher als gedacht dazu gebracht zu entschleunigen, zwar nicht freiwillig aber effektiv. Für eine Strecke wofür ich früher acht Minuten gebraucht habe, benötige ich schon gut und gerne mal dreißig bis vierzig Minuten. Bin ich länger unterwegs, so muss ich zwischendurch einmal eine

Pause machen und mich auf eine Parkbank setzen. Dann beobachte ich das bunte Treiben und genieße das Langsamsein. Manchmal frage ich mich, ob die anderen Menschen, sofern sie gesund sind, sich dessen auch bewusst sind und es auch genießen. Ich wünsche es ihnen.

**Nicht alles kommt vom Parkinson**

Wenn man Parkinson hat, ist man nicht vor anderen Krankheiten geschützt. Bedeutet also, dass nicht alle Symptome oder Krankheitsbilder mit dem Parkinson zusammenhängen. Es ist zwar etwas leichter, alles auf ihn zu schieben, aber ob es sinnvoll ist? Ich glaube nicht.

**Angst?**

Ich habe mich neulich mit einer Freundin getroffen und über dieses Buchprojekt berichtet. Wenn wir uns treffen, reden wir immer über Gott und die Welt. Es ist immer sehr spannend. Bei eben diesem Treffen fragte sie mich, ob ich beim Erhalt der Diagnose Angst verspürte, sterben zu müssen. Die Frage ist unter dem Aspekt, dass sie vor einigen Jahren an Krebs erkrankte, sehr interessant. Ich gab ihr die Antwort, dass ich keine Angst hatte an Parkinson zu sterben. Man stirbt nicht an Parkinson, sondern mit. Auf die entsprechende Gegenfrage von mir gestand

sie, dass sie nach dem Erhalt ihrer Diagnose Angst gehabt hatte.
Wir haben darüber noch etwas philosophiert und sind zu dem Ergebnis gekommen, dass beide Diagnosen natürlich sehr unterschiedlich sind. Bei ihrer kann man kämpfen und hat nach einiger Zeit die Chance, geheilt zu sein. Im Gegensatz zu Krebspatienten kann ich an meiner Erkrankung nicht sterben. Bei meiner Diagnose ist es so, dass ich kämpfen kann, aber den Parkinson nicht besiegen werde und nicht als geheilt betrachtet werden kann. Ich kann den Verlauf nur vom Tempo beeinflussen, mehr nicht.

**Meine Zukunft mit Mister P.**

Wie meine Zukunft wird? Nun, das kann ich dir nicht sagen. Weißt du wie deine aussieht? Was bei mir nur klar ist, ist, dass Mister P. da sein wird und der Verlauf irgendwann schlechter wird. Ich meine Medikamente nehmen und Therapien machen muss. Das, was ich daraus lerne ist, im Hier & Jetzt zu leben und das zu machen was ich möchte und wozu ich Lust habe. Also, wenn du dies liest und Parkinson hast, versuche das auch zu tun. Und wenn du nicht Parkinson hast, dann ebenfalls! Man kann auch in einer Woche über die Straße gehen und …! Da ist es egal, ob du Parkinson hast oder nicht.

**Autofahren mit Mister P.**

Auch beim Autofahren ist Parkinson ein Thema. Das habe ich das erste Mal am eigenen Leib erlebt, als ich meinen Verkehrsunfall hatte. Dieser war mit einer Vespa, einer wunderschönen roten Vespa, die in der Sonne glitzerte, aber trotzdem mit dem normalen Führerschein gefahren wird. Durch die bereits genannte Karte, die ich meist mit mir führe, hat die Polizei gewusst, dass ich Parkinson habe. Dadurch bekam ich einen Fragebogen, den ich ausfüllen und zusätzlich ein ärztliches Attest vorlegen musste, aus dem hervorgeht, dass ich in der Lage bin, ein Kraftfahrzeug zu führen. Zum Glück kannte mein Neurologe mich recht gut und konnte mir bescheinigen, dass ich ohne Bedenken am Straßenverkehr teilnehmen kann.

Danach habe ich mich mit dem Thema intensiver auseinandergesetzt. Es wird empfohlen, in regelmäßigen Abständen eine Testung durchzuführen, ob man unter den Medikamenten, welche man einnimmt, und mit dem Stadium der Erkrankung, in dem man sich gerade befindet, noch verkehrstauglich ist. Diese Bescheinigung führt man dann am besten bei sich.

**Meine Projekte**

Was genau ist mein Ziel? Ich möchte andere Betroffene, ob nun selbst erkrankt oder als

Angehöriger, unterstützen und an meinem Wissen teilhaben lassen.
Der erste Schritt hierzu war die Konzipierung eines Workshops zum Thema Parkinson, welchen ich unter anderem bei einer großen Bank anbiete, die abends Veranstaltungen durchführt. Das lief zunächst auch gut an bis Corona auf der Bildfläche erschien. Ich hoffe sehr, dass ich den Workshop bald wieder anbieten darf. Den Workshop habe ich auch in einem benachbarten Café durchgeführt, was sehr interessant war, da viele Therapeuten anwesend waren. Das Feedback war durch die Bank überwältigend. Sie waren von meiner Schilderung aus der Sicht eines Erkrankten begeistert und haben einen Eindruck davon bekommen, wie es sich mit Parkinson lebt.
Ein weiteres durchaus größeres Projekt, das sich gerade in der Umsetzungsphase befindet, ist, der Parkinson-Pate. Hier möchte ich denjenigen, welche sich in der Phase der Diagnose befinden oder ihre Diagnose kürzlich erhalten haben, eine Anlaufstelle bieten, um Fragen zu klären. Dieses Angebot soll aber auch Angehörigen zugänglich gemacht werden. An dem Konzept habe ich lange gearbeitet und geschrieben. Dieses habe ich dann einigen Betroffenen vorgestellt und diese waren durchwegs begeistert und hätten sich in ihrer eigenen „ersten Phase" einen solchen Ansprechpartner gewünscht.

Ich bin schon sehr gespannt, wie das Projekt anlaufen wird.
Mein weiterer Plan ist, einfach das zu tun, worauf ich Lust habe und das dann einfach zu genießen.

**Familie und Freunde**

Was neben den Medikamenten und den Therapien wichtig ist, ist ein gutes Netzwerk an Familie und/oder Freunden. Sie geben mir einen unfassbaren Rückhalt und ich weiß, dass immer jemand da ist, wenn ich Unterstützung benötige, in welcher Art und Weise auch immer dies sein sollte. Natürlich ist das auch als gesunder Mensch wichtig, aber wenn du krank bist, ist dies noch wichtiger. Ich habe von einigen gehört, dass sich Freunde und sogar Familie abgewandt haben. Wenn ich so etwas höre, stimmt mich dies sehr traurig. Einige können mit der Erkrankung an sich nicht umgehen, andere wiederum können mit den Symptomen oder Nebenwirkungen der Medikamente nicht umgehen. Einige Erkrankte erleben Veränderungen ihrer Persönlichkeit oder haben sichtbare Einschränkungen wie den Tremor oder Gangstörungen.

**Warum habe ich das alles geschrieben?**

Nun habe ich dir liebe/r Leser/in aus den letzten vier Jahren meines Lebens berichtet. Warum eigentlich?

Ich wollte dir aus meiner Sicht berichten, wie es ist, mit Parkinson zu leben. Ich habe dies geschrieben um Parkinson ein Gesicht zu geben und zu zeigen, dass es auch junge Menschen gibt, die diese Krankheit haben.
Und wenn du ein Angehöriger oder einfach nur interessiert bist, wollte ich dir ein Gefühl dafür geben, wie du mit Erkrankten umgehen kannst.
Und ich habe es gemacht, weil ich einfach Lust darauf hatte. Lust, mich der Herausforderung des Schreibens zu stellen, das war Neuland für mich. Für ein anderes Buch wurde ich schon einmal interviewt und fotografiert. Das hat mir viel Freude bereitet. Und wenn ich gerade so daran denke, finde ich es sogar ein wenig lustig, dass ich in einem Buch bin, welches man kaufen kann und das dann sogar in dem einen oder anderen Buchregal zu finden ist.

**Unglücklich wegen Parkinson?**

Nein! Wenn ich eine Entscheidungsmöglichkeit gehabt hätte, hätte ich gern auf Mr P. verzichtet. Aber die Wahl hatte ich ja nicht, also muss ich mit ihm leben. Durch ihn habe ich eine Menge gelernt und tue dies laufend immer noch. Ich habe gelernt, positiv zu denken und das Schöne im Leben mehr zu genießen. Ich versuche die Dinge zu ändern, die ich ändern kann, und setze meine Energie nicht ein, wenn es sinnfrei ist.

Warum ich nicht unglücklich bin?
**Frage mich lieber, warum ich glücklich bin!**
Ich bin glücklich, denn ich habe einen tollen Mann, tolle Freunde und eine tolle Familie. Das ist viel mehr wert als alles andere auf der Welt. Zusammen schafft man vieles und kann sich gegenseitig stärken und bekräftigen. Deswegen möchte ich am Ende meines Beitrages zu diesem Buch all denjenigen **DANKE** sagen. Jeder Einzelne wird wissen, dass er gemeint ist.

**Christian Schmidt-Heisch** wurde 1979 in Hamburg geboren und hat im Alter von 37 Jahren die Diagnose Morbus Parkinson erhalten. Er ist verheiratet, lebt und leitet in Hamburg eine Selbsthilfegruppe für junge Erkrankte und startet 2022 das Projekt „Parkinson-Pate". Weiterhin nimmt er an diversen Studien teil, um die Suche nach Ursachen und geeigneten Behandlungsmethoden zu unterstützen, damit die Krankheit eines Tages geheilt werden kann. Seine Freizeit verbringt er gern mit Freunden, u.a. auf Reisen, und er näht sehr gern. Das Motto **„Aufgeben ist keine Option!"** lässt ihn immer weiterkämpfen und nicht unterkriegen.

## Die Macht der positiven Gedanken – und was ich durch Morbus Parkinson lernen durfte!

„Hilfe, ich kann meine linke Hand nicht mehr heben!“, meine Erinnerung an das Jahr 2006. Das Kopfwaschen war eine Herausforderung geworden. Mein Verdacht, ich hätte vielleicht einen eingeklemmten Nerv oder schlimmer einen leichten Schlaganfall, bestätigte sich nicht. Aber der Neurologe verpasste mir die Diagnose Morbus Parkinson. Uff! Ich war geschockt. Mit erst 53 Jahren! Ich war lebenslustig und wollte doch noch so vieles gemeinsam mit meinem Mann erleben. Ich war ungerechtfertigterweise auf den Neurologen, den Überbringer der Botschaft, bitterböse und haderte mit meinem Schicksal.

Ich glaube, jede/r von uns war von der Diagnose Parkinson geschockt. Man sagte uns, dass die Krankheit immer weiter fortschreitet, nicht heilbar sei, und dass wir mit ihr und den Auswirkungen leben müssten. Die einen von uns zittern, die anderen leiden unter der Bewegungsverlangsamung oder der Verkrampfung des Körpers und allen anderen Nebenwirkungen von Parkinson, die uns mittlerweile hinlänglich bekannt sind.

Und so ist es kein Wunder, dass unsere Gedanken immer um das „Kranksein“ kreisen. Wir fühlen uns in der Folge immer schlechter. Dazu kommt noch die Angst vor der Zukunft und der immer wiederkehrende Gedanke: „Was wird in einigen Jahren mit mir sein?“

Wir stecken sozusagen in einem **Teufelskreis aus negativen Gedanken** und **Gefühlen.** Und die bewirken, dass wir uns, davon bin ich überzeugt, immer schlechter und kränker fühlen.
Doch wie aus dieser **„Negativspirale“** herauskommen, wie es schaffen, wieder lebenslustig, froh und glücklich zu sein?

Es dauerte eine Weile, bis ich die Krankheit annehmen konnte. Dass ich sie nicht mehr bekämpfte und mit dem Schicksal haderte.
Mein Schwager war damals ausschlaggebend, dass ich meine Gedanken in eine andere Richtung leitete. Er fragte mich: „Hast du dir schon einmal überlegt, was dir die Krankheit sagen will? Warum du gerade an Morbus Parkinson erkrankt bist? Was will sie dir mitteilen? Was sollst du in deinem Leben ändern?“
Ich war geschockt. Welch dreiste Überlegung von meinem Schwager! Was erlaubte er sich, mir zu unterstellen! Ich sollte zum Teil an der Erkrankung schuld sein? Mein schönes Leben ändern? Blödsinn!

Doch nach und nach blitzten Gedanken in mir auf und meine innere Stimme flüsterte Worte, wie zum Beispiel folgende:

- Du hattest viel beruflichen und privaten Stress.
- Du glaubst, ohne dich geht es nicht.
- Du fühlst dich für jeden und alles verantwortlich.
- Du glaubst, dich um alles kümmern zu müssen.
- Du ziehst Leute mit Problemen an, hörst ihnen zu und versuchst zu helfen. Also hast du dann ihr Problem zusätzlich zu deinen am Hals.
- Du kannst nicht „Nein“ sagen, wenn jemand etwas will.
- Du hast dich selbst vergessen und deine Wünsche und Bedürfnisse ignoriert.
- Du hast dich zu oft angepasst an die Anforderungen der Gesellschaft.
- Du wolltest es allen recht machen.

Diese Überlegungen musste ich erst mal verdauen! Und ich ging in mich und analysierte mein Leben. Meine innere Stimme hatte recht! **Ich war wie ein Gefäß, das vollkommen leer war und hatte keine Kraft mehr für mich selbst.**

**Meine Selbstheilungskräfte waren nicht mehr vorhanden.**

Um aus dieser Situation herauszukommen holte ich mir Hilfe von Psychologen/Psychologinnen, Energetiker/innen, Lebensberater/innen, lernte mich zu entspannen (Klangschalen-Therapie, Progressive Muskelentspannung, Autogenes Training), lernte zu meditieren und las viele Bücher über mentales Training!
Zeitgleich trainierte mein Mann mit Jugendlichen in einem Schützenverein Luftpistolen schießen und ich durfte die Jugendgruppe auf Wettkämpfe, wie zum Beispiel auf österreichische Meisterschaften für Luftwaffen mental vorbereiten.
Wer schon einmal probiert hat, mit einer Luftpistole zu schießen und auch präzise zu treffen, der weiß, dass man nur dann den Zehner trifft, wenn man ruhig, gelassen, positiv denkend und ohne Erwartungshaltung und Erwartungsdruck ist.
Dafür gibt es das Mentale Training, das vor dem Schießen zur inneren Beruhigung eingesetzt wird. Es kommt auf die richtige Atmung an, man muss „den Kopf leeren" und „Probleme in die Problembox" sperren, ohne Angst und Erwartungsdruck, aber sich sehr wohl der eigenen Fähigkeiten bewusst sein. Niemals denken „Das kann ich nicht", sondern

selbstbewusst auftreten: „Ich weiß, dass ich gut schießen kann…“
Es gibt da einen Spruch, der sich bewahrheitet hat:
**Sieger zweifeln nicht, Zweifler siegen nicht.**
Wir waren übrigens in diesen zehn Jahren mit der Jugendgruppe sehr erfolgreich.

**In dieser Zeit lernte ich, wie mächtig sich die mentale Einstellung auf Körper und Geist auswirkt!**

Ein kleines Beispiel: Wenn du mit nörgelnden, immer pessimistisch denkenden, depressiven Menschen zusammen bist, fühlst du dich nicht wohl. Wenn dich aber eine Gruppe lachender, scherzender, fröhlicher Menschen umgibt, so fühlst du dich auch wohl und gut.

Dazu ein passender Spruch von Charlie Chaplin:

„Als ich mich zu lieben begann
erkannte ich, dass mich mein Denken
armselig und krank machen kann.
Doch als ich es mit meinem Herzen verbunden hatte,
wurde mein Verstand ein wertvoller Verbündeter.“

Diese Verbindung nenne ich heute:
WEISHEIT DES HERZENS
Der Prozess das Leben zu ändern, die innere Einstellung zu ändern, ist langwierig und hart und er dauert noch an, aber ich weiß jetzt, in welche Richtung ich mich körperlich, seelisch und geistig bewegen muss, damit es mir besser geht.
Heute mache ich nur noch das, was mir Freude und Spaß macht, was ich liebe und worüber mein Herz lacht, auf meine eigene Art und Weise und in meinem Tempo. Das ist SELBSTLIEBE.

*„Begegnung im Herbst des Lebens"*

Folgende Gedanken bzw. Übungen lernte ich für mich anzuwenden. Sie sind für mich zur Überwindung einer „depressiven Stimmung“ extrem hilfreich. Anleitung für dich zum Ausprobieren:

1. **Angst zu haben lähmt** – wir werden bewegungslos oder zittern. Tritt der Angst gegenüber, benenne sie und liefere dich nicht der Angst aus. Nimm dein Leben in deine Hand.
2. Mach **Atemübungen,** sie beruhigen und entspannen, z.B.: dreimal tief durch die Nase einatmen, Atem kurz anhalten und durch den Mund wieder langsam mit Geräusch ausatmen. Lass beim Ausatmen alles Belastende aus dir herausfließen.
3. Setz dich aufrecht auf den Sessel ohne dich anzulehnen, lege die Hände bequem auf deine Knie, Handfläche nach oben zeigend, schließe deine Augen, und **leere deinen Kopf.** Lass alle deine Gedanken an dir vorüberziehen, sperre hartnäckige oder Probleme, die nicht weggehen wollen, in eine sogenannte imaginäre **Problemkiste/ Problembox,** die du ja später wieder öffnen kannst, um die Probleme zu bearbeiten.

4. Spüre, wie du **innerlich ganz ruhig** wirst und dich mit Gott und der Welt im Einklang fühlst.
5. **Erinnere dich, wie es vor zwanzig, dreißig Jahren war**, wie du gelacht hast, dich gefreut hast. Du konntest über eine Wiese laufen und jauchzen, die **Lebensfreude und die Leichtigkeit** durchströmte deinen Körper und Geist. Du fühltest dich rundherum glücklich.
6. Was hindert dich daran, es wieder zu fühlen? Versuche dich an diese wundervollen Momente in deinem Leben zu **erinnern** und sie wieder aufleben zu lassen. Speichere sie sozusagen in deinem Gedächtnis.
7. Hör dir dabei **Musik** an!
   Mir gefällt z.B. die Filmmusik von Vangelis: „Conquest of paradise"
   Gib dich ihr ganz hin, fühle sie mit jeder Phase deines Herzens… Spüre, wie **sich dein Herz öffnet und Wärme und Wohlbefinden dich durchfluten.**
8. Stelle dir vor, dass du eingehüllt bist in silbrig–weißes oder heilendes, grünes Licht, es ist wie eine Schutzkugel um dich herum…
   Du **fühlst dich geliebt und geborgen**.
   Genieße diesen Augenblick! Speichere ihn in deinem Gedächtnis!

Allein dadurch werden deine Selbstheilungskräfte angeregt.

**<u>Merke:</u>**
Denke nicht in negativen Worten, wie „Ich bin krank“, „Mir geht es schlecht“, „Ich habe Schmerzen“… Sonst hast du sie.
Denke so:
Mein Körper weiß, wie er sich bewegen muss, er hat es nicht verlernt.
Ich liebe das Leben und die Fröhlichkeit und Freude.
Ich lache und singe und schaffe mir Situationen, die mir guttun.
Sage dir immer wieder folgende Sätze laut vor:
Ich muss nicht mehr so funktionieren, wie die Gesellschaft es von mir erwartet.
Ich brauche mich nicht mehr um alles und alle zu kümmern.
Ich bin nicht für alles und alle verantwortlich.
Ich mache nur mehr das, was mir Freude bereitet und mein Herz zum Singen bringt und zwar auf meine Art und Weise und in meinem Tempo.
Ich habe ein Recht auf Gesundheit, Liebe und Glück und habe die Verpflichtung, auf meine Bedürfnisse und Wünsche zu achten.
Ich kann Nein sagen, wenn ich etwas nicht tun will.
Es steht mir frei, so zu leben, wie ich es will.

Weitere Überlegungen:

- Versuche herauszufinden, was dir dein „Parki“ sagen will.
- Wenn du erkennst, warum du gerade Parkinson bekommen hast, vielleicht kann er sich dann zurückziehen?
- Glaube an dich und deine Selbstheilungskräfte, regeneriere durch sie deinen Körper.
- Denke an das wunderbare Gefühl von Wärme, Freude und Liebe.
- Glaube an Wunder! Denn der Glaube versetzt ja bekanntlich Berge!
- Und lache viel! Hab Spaß am Leben!

Probier es einfach aus, denke dich gesund!
Du hast nichts zu verlieren, nur zu gewinnen!
Deine Renate

**Renate Fessl**

Geboren 22.07.1953 in Wien

Ausbildung zur Volksschullehrerin, anschließend Weiterstudium zur Hauptschullehrerin, heute genannt Dipl. päd. = diplomierte Pädagogin, geprüft in Deutsch und Geschichte.

Von 1974 - 1989 im Schuldienst in einer Hauptschule in Ottakring, danach von 1989 – 2010 Unterricht an einer Ganztagsmittelschule mit verschränktem Unterricht, Schulversuch Mittelschule.

Verheiratet seit 1981, ein Sohn, geb. 1982.

Diagnose Morbus Parkinson 2006, vorzeitiger Ruhestand 2010 gesundheitsbedingt.

Von 2008 bis 2020 erfolgreiche Mentaltrainerin einer Jugendgruppe zur Vorbereitung von Schießbewerben im Luftpistolenschießen in einem Schützenverein in NÖ.

Hobbys sind/waren Bergwandern, Schifahren, Tanzen, Gartenarbeit, Gestaltung von Festen, Feiern mit Familie und Freunden, Malen, Basteln, Gesellschaftsspiele, Singen, Meditieren.

## Ich glaube immer noch an dich, wie es alte Freunde tun…

### (Zwiesprache mit meinem Körper)

ABBA, die schwedische Popgruppe, mag ich seit frühester Jugend. Nicht zuletzt ABBA-LPs waren dafür verantwortlich, dass ich mich mit 16 Jahren in meinen damaligen Tanzpartner verliebte. Michael transportierte eines Sonntagnachmittags im Seitenkoffer seines Motorrads seine ABBA-Plattensammlung in die Tanzschule, die wir gemeinsam besuchten. Er wusste, dass ich die Songs sehr mochte und lieh mir seine Platten großzügigerweise aus. Viele, viele Treffen folgten – und wenn sich auch unser jeweiliger Musikgeschmack im Laufe der Zeit veränderte: Wir hielten an ABBA und an unserer Beziehung fest.

Heute, vierzig Jahre später, lieben mein Mann Michael und ich uns noch immer. In all den Jahren haben wir als Paar viel erlebt. Wir können uns aufeinander verlassen und sind ein eingespieltes Team. In dieses Team hat sich vor einigen Jahren ein Störenfried regelrecht eingeschlichen, und das nach heutigem Stand der Forschung für immer. Parkinson, die neurologische Erkrankung mit den tausend Gesichtern, ist nun unser unbequemer Wegbegleiter. Da er immer mehr Raum beanspruchen wird, gilt es, sich bestmöglich mit ihm zu arrangieren.

Ich weiß nicht, ob andere Menschen, die an Parkinson erkrankt sind, gelegentlich mit ihrem Körper „sprechen“, so als wären Geist und Körper zwei getrennte Einheiten – ich jedenfalls tue es: „Nun mach‘ schon!“ „Oh, wirst du jetzt aufhören zu zittern!“ „Reiß dich zusammen!“ „Das darf doch jetzt nicht wahr sein!“ „Das muss doch gehen!“ „Jetzt lass mich bloß nicht im Stich!“ Eine Auflistung meiner stumm, aber energisch vorgebrachten Vorwürfe und die rücksichtslosen Aufforderungen an meinen Körper, gefälligst trotz bekannter Defizite zu funktionieren, würde den Umfang dieses Buches sprengen.

Aber zurück zur Musik: Offenbar sind mein Mann und ich nicht die einzigen Menschen mit einem Faible für ABBA. Im Spätsommer lieh ich unserer Tochter und ihrem Lebensgefährten mein Auto zur Urlaubsfahrt an den Gardasee. Die vielen Autobahnkilometer auf der Strecke nach Italien konnten dem stets auf Kurzstrecken gequälten Motor nur guttun. Und tatsächlich: Das Geräusch aus dem Motorraum, als ich meinen Wagen zum ersten Mal wieder startete, klang vertraut und doch deutlich runder. Ein anderes Geräusch, mir gar nicht vertraut, mischte sich nach wenigen Sekunden darunter. Es kam aus der Mitte des Armaturenbrettes, aus dem CD-Schacht, dessen Existenz bei mir schon völlig in Vergessenheit geraten war. Auf meinen Fahrten zur Arbeitsstelle höre ich regelmäßig Nachrichten im Radio oder Songs von einer meiner vielen Playlists auf dem Handy. Mir dämmerte, dass das Geräusch von einer CD kommen musste, die jetzt rotierte.

Erstaunt erkannte ich die ersten Klänge des ABBA-Songs „The way old friends do" – „Wie es alte Freunde tun".

Eine ABBA-CD, die schon seit geraumer Zeit in einem der Ablagefächer in der Fahrertür ihr stummes Dasein fristete, steckte nun im CD-Player, den die beiden Italien-Urlauber aus seinem Dornröschenschlaf erweckt hatten. Ungefähr 15 Minuten dauerte meine Autofahrt zur Arbeit. Genügend Zeit, um mindestens eine Handvoll Songs zu hören. An diesem Morgen ließ ich aber nur diesen einen Song abspielen, immer und immer wieder… Da war diese wunderbare, einfühlsame Melodie, die mir vertraut war.

Der Text zum Songtitel „The way old friends do" hatte mich bisher allerdings nicht sonderlich interessiert. Mitsingen konnte ich daher nicht, nur Mitsummen, was meine Begeisterung für den Song keineswegs minderte. Ausnahmsweise konzentrierte ich mich während der Fahrt nun auf den Text, von dem ich hier einige Passagen aus dem Englischen ins Deutsche übersetzt habe:

„Uns gelingt es, die Stille miteinander zu teilen,
wir spenden einander Trost.
Wir raufen uns zusammen,
wie es alte Freunde tun.
Zeiten der Freude und Zeiten der Sorgen –
wir werden sie miteinander durchstehen.
Ich sorge mich nicht, was morgen kommen wird!
Wir werden uns dem stellen, was kommt,
wie es alte Freunde tun!"

Wie jeden Morgen stellte ich den Wagen unter einem der Schatten spendenden Straßenbäume ab. Ich war „am Zielort angekommen", wie die Stimme aus meinem Navigationsgerät verkündete. Was das Navigationsgerät nicht wissen konnte:

Angekommen war ich in diesem Moment nicht nur am Bürogebäude.

Angekommen war ich, inspiriert vom Liedtext, mit einem Mal auch bei mir selbst.

Unvermittelt fühlte ich mich frei und zuversichtlich – ein herrliches Gefühl!

Noch einmal hörte ich den Song. Diesmal sang ich meinen eigenen Text dazu:

„Zeiten der Freude und Zeiten der Sorgen – Körper und Seele: Was Parkinson auch mit uns vorhat, wir werden es miteinander durchstehen. Ich sorge mich nicht (mehr), was morgen kommen wird, wir werden uns dem stellen, was kommt! Wie es alte Freunde tun, wie es alte Freunde tun… Zeiten der Freude und Zeiten der Sorgen – wir werden sie miteinander durchstehen. Ich sorge mich nicht (mehr), was morgen kommen wird. Zusammen werden wir uns dem stellen, was kommt, wie es alte Freunde tun!"

Ich spürte Trost, Kraft, Zuversicht und Liebe – das sollte von nun an mein persönliches Mutmachgeflüster sein! Schluss mit meiner lieblosen Zwiesprache mit dem ohnehin schon geschundenen Körper! Mein Körper ist mein alter Freund, nicht mein Feind. Ich merke, dass ich ihm Gutes tun muss, damit Verstand, Herz, Seele und er, mein Körper, wieder eine Einheit bilden. Diese Einheit wird alles miteinander durchstehen, wie es alte Freunde tun. Keine Sorgen mehr, was morgen kommen wird…

Vor wenigen Wochen erschien dann das neue Album von ABBA. Auch darin entdeckte ich einen wunderbaren Song. Er heißt: „I still have faith in you". Wenn ich ihn höre, schlüpfe ich in die Person des „Ich" und fokussiere mich darauf, meinem Körper trotz seiner Defizite liebevoll zu vertrauen.

„Ich habe immer noch Vertrauen in dich!"
Ich höre ein bittersüßes Lied in den Erinnerungen, die wir teilen…
Ein neuer Geist erfüllt uns…
Wir haben eine Geschichte und sie wird überleben.
Wir brauchen einander, wir machen das zusammen.
Leidenschaft und Mut, das ist es…
Ich habe immer noch Vertrauen in dich.
Das steht über allen Dingen, die wir erlebten.
… auf die Liebe kommt es am Ende an…!"

Ich habe begriffen, ABBA sei Dank, dass es im Leben um Vertrauen und um die Liebe zum Partner, zu den Kindern, den Eltern, … geht, aber auch um die nachsichtige, liebevolle Sicht auf die eigenen Schwächen und das Vertrauen in das, was der eigene Körper, mein Freund, noch zu leisten vermag!

Ein neuer Geist erfüllt uns, so heißt es im Lied. Für mich heißt das: Weg mit dem Denken in den Kategorien Schwarz/Weiß, Gesund/Krank oder Perfekt/Fehlerhaft.

Ich überlasse es künftig den Perfektionisten/Perfektionistinnen, sich selbst im Weg zu stehen und sich zu quälen, weil sie ihren Fokus pausenlos auf Mängel legen und nichts anfangen, was kein fehlerfreies Ergebnis verspricht. Die Nichtperfektionisten/Nichtperfektionistinnen schaffen es dagegen deutlich leichter ins Tun zu kommen und werden dann psychisch und körperlich davon profitieren. Mir scheint, dass sie im Alltag meist liebevoller mit sich umgehen und es schaffen, gut für sich zu sorgen.

Sie wissen, es kommt nicht darauf an, Gymnastikübungen perfekt zu absolvieren. Die Internetrecherche zum korrekten Winkel der aufgestellten Füße beim Ausführen des Ausfallschrittes ist nur was für Perfektionisten/Perfektionistinnen. Wie wäre es stattdessen damit, die Physiotherapeuten/Physiotherapeutinnen in der nächsten Therapiestunde zu fragen, wie es richtig geht? Die freuen sich bestimmt! Das ist die Herangehensweise der Nichtperfektionisten/Nichtperfektionistinnen. Am eigenen Leib erfahren, wie es sich anfühlt, in Bewegung zu kommen. Wenn man sich eine Übung nicht zutraut, dann eben eine andere, leichtere auswählen. Einfach mal loslegen!

Das „Aufrunden" der Anzahl der beim Spaziergang zurückgelegten Schritte ist verzeihlich! Schließlich kann nur aufrunden, wer losmarschiert ist und Meter für Meter vorwärts gegangen ist! Jeder zurückgelegte Schritt ist ein Schritt mehr zum eigenen Wohlbefinden. Was uns guttut, haben wir also für uns getan, da sind 250 Schritte mehr oder weniger liebevolle Details.

Übrigens verkraften es Haferflocken durchaus, wenn über ihnen ein Stück Spekulatius zerbröselt wird. Das Müsli wird nicht komplett ungesund durch die Zugabe eines Stückchens Spekulatius in der Weihnachtszeit. Liebevoll zugestandene kleine Zugaben helfen uns, auch weiterhin morgens gesunde Haferflocken statt Croissants zu essen. Also wieder ein Vorteil für die, die liebevoll und nachsichtig mit sich umgehen.

In diesem Sinne: Wie wäre es jetzt nach dem langen Lesen mit ein paar herrlich unperfekten Tanzschritten zu ABBA Songs (oder zur eigenen Lieblingsmusik)? Steh auf und signalisier deinem Körper:

**„Ich glaube immer noch an dich, wie alte Freunde es tun"…**

**Claudia**, Jahrgang 1966, lebt seit fast 30 Jahren mit ihrem Mann in der Nähe von Karlsruhe. Sie schwebt auf Wolke Sieben, wenn sie badischen Wein, Dampfnudeln oder Schwarzwälder Kirschtorte serviert bekommt. In Wuppertal liebt sie es, mit der Schwebebahn durch ihre Geburtsstadt zu schweben und danach eine Bergische Kaffeetafel mit Waffeln zu genießen. Ihre Familie und der Austausch mit anderen Betroffenen, die positiv mit ihrer Erkrankung umgehen, geben ihr Kraft und der Blick jeden Morgen auf ein Eichhörnchenfoto an der Pinnwand motiviert sie zusätzlich: „Immer die Öhrchen steif halten!" Das möglichst oft zu schaffen, auch wenn es manchmal schwer ist, wünscht Claudia allen Erkrankten und ihren Angehörigen.

## Deutsch-österreichisches Treffen in Schärding 2015

Am Freitag, den 29.5.2015 war es wieder soweit: Unser Freundschaftstreffen in Schärding begann! Mit meinen Freunden Astrid, die wie ich eine Selbsthilfegruppe leitet, und Harald machte ich mich auf den Weg nach Schärding, eine Stadt in Oberösterreich. Nach gut fünf Stunden kamen wir stressfrei an und waren gleich sehr angetan von den tollen farbigen Häusern, die wir sahen, sodass wir dabei unser Hotel doch glatt fast übersehen hätten. So nach und nach kamen alle anderen Teilnehmer/innen an. Die meisten von ihnen kannte ich bis dahin nur durch das Internet und über Social-Media-Kanäle. Am Ende hatten sich für die von mir mitorganisierten Reise über 40 Kontakte angemeldet! Das war vielleicht eine Begrüßung! Auch der Bürgermeister von Schärding ließ es sich nicht nehmen, uns persönlich willkommen zu heißen.

Nach dem Bezug unserer Zimmer versammelten wir uns zu einer sehr interessanten Stadtführung mit einer Dame, die im Biedermeierstil gekleidet war. Die Stadt Schärding ist als Barockstadt bekannt und schließt durch zwei Innbrücken an das deutsche Straßennetz an. Nach Besichtigung der Sehenswürdigkeiten konnten wir die restliche Zeit verbringen, wie wir wollten, bis es das gemeinsame Abendessen gab. Die Nudelsuppe war eine Herausforderung für manche von uns...

Nach dem Abendessen gab es einen interessanten Vortrag eines Neurologen über das Thema „Wesensveränderungen bei Parkinson", der zusammen mit seinem Sohn das ganze Wochenende mit uns verbrachte. Danach saß die Gruppe noch lange zusammen und unterhielt sich intensiv und mit viel Spaß.

Am nächsten Morgen, pünktlich um 10 Uhr und nach einem ausgiebigen Frühstück, stiegen wir in einen Bus, der uns zum Sportbauernhof bringen sollte. Dort angekommen staunten wir, was es alles an Freizeitmöglichkeiten gab. Wir verbrachten die Zeit mit Volleyball, Bogenschießen und Tischtennisspielen. Einige nahmen die Kletterwand in Besitz, machten eine Radltour, spielten Fußball oder legten sich einfach auf den Kraftplatz zum Ausruhen. Mittags gab es genug Kohlenhydrate zum Wiederauftanken, eine Weinverkostung sowie reichlich kalte und erfrischende Getränke. Es wurde einfach an alles gedacht! Ein Olympiateilnehmer im Skilauf betreute uns und gab uns sogleich den einen oder anderen Profitipp zum Ausüben für diese Sportart. Der Nachmittag verging wie im Flug und schon ging es wieder ins Hotel zurück.

Dort nutzten einige von uns die wenig verbleibende Zeit vor dem Abendessen, um eine romantische Überraschung vorzubereiten. Es gab ein Lichterherz, Rosenblüten und Geschenke für unser Verlobungspaar Anse und Mausi. Es war so schön, als beide im leuchtenden Kerzenherz standen und Anse seine Mausi fragte, ob sie denn seine Frau werden möchte. Was für ein toller Moment! Der Abend ging dann mit Musik, Vorführungen und tollen Gesprächen viel zu schnell zu Ende. Am nächsten Morgen um 5:30 Uhr war schon reges Treiben auf dem Marktplatz. Ein Flohmarkt, der zweimal im Jahr stattfindet, wurde aufgebaut. Das war für einige von uns noch einen Spaziergang vor dem Morgenkaffee wert.

Nach dem Frühstück erfolgte die Nachbesprechung unseres Treffens und dann war es auch schon wieder soweit, schweren Herzens Abschied zu nehmen, aber nicht bevor noch schnell Adressen und Telefonnummern getauscht worden waren. Es war wieder ein sehr schönes Wochenende!

Diese Kurzreisen sind immer eine große Bereicherung für mich. Parkinson Betroffene kommen zusammen, tauschen sich aus, schließen Freundschaften und helfen sich gegenseitig. Denn schließlich weiß jeder Erkrankte selbst, worauf es ankommt…

Ich freue mich jetzt schon auf unser nächstes Treffen in zwei Jahren, das dann in Deutschland stattfinden wird.

In der Pfalz geboren und dann in Schwalbach/Sulzbach aufgewachsen, lebt **Gisela Steinert**, kurz Gisi, seit 40 Jahren in Sulzbach. Bis zur Erwerbsunfähigkeitsrente hat sie als Sekretärin gearbeitet. Mit 36 Jahren bekam sie die Diagnose Parkinson, die sie bis heute noch mit Gedichten verarbeitet. Eine Gedichtsammlung ist in ihrem Buch „**Gefühle – Feelings**" zu finden. Zu ihren Hobbys zählen Marathon laufen und lesen. Gisi wurde 2004 mit dem Ehrenpreis der Hilde-Ulrichs-Stiftung für Parkinsonforschung und 2008 mit dem Bundesverdienstkreuz ausgezeichnet.

## DIAGNOSE

Als von der Diagnose ich erfuhr,
da war alles in mir in Aufruhr!
So jung und schon so krank,
ich wollt´ den Parkinson sperren in einen Schrank.

Nun ist das wirklich gar nicht so leicht,
er schleicht sich manches Mal heraus, ganz seicht.
Besonders wenn ich ihn kann nicht gebrauchen,
kommt er ganz schnell angelaufen.

Klebt sich an dich fest wie Leim,
schwer ist´s zu leben manchmal mit seinem Sein.
Geht er aber in Ruhestellung dann,
ist´s mir wieder, als wär´ ich gar nicht krank.

Ich denk dann: „Was kommt noch auf mich zu?“,
und spreche mir selber zu viel Mut.
Denn ich muss versuchen, damit zu leben,
ich will ihm keine zusätzliche Nahrung geben.

Versuche mich nicht fallen zu lassen,
in diese dunklen Löcher, die im Übermaße
fast nur dort vorhanden sind,
wo Krankheit und Negatives sich wiederfind.

Versuch zu leben so gut es geht,
habe Familie, die zu mir steht.
Habe Freunde, die zu mir halten,
ich hab´s doch gut und ich hoff´s,
es bleibt noch lang erhalten.

@Gisela Steinert

Hallo! Mein Name ist Walter und ich habe folgendes Problem. Ich habe

# Parkinson

Nein, das soll jetzt keine Therapiesitzung in schriftlicher Form werden, sondern ein Erlebnisbericht über mein Leben mit einer degenerativen Krankheit und über die Auswirkungen auf meine Angehörigen und mein Umfeld.

Also, wo beginnen? Am besten am Anfang und der liegt zumindest nach meiner Meinung nach, im Jahr 2005, als ich Probleme mit der Computermaus bekam. Ich bemerkte ab und zu einen unkontrollierten Mehrfachklick mit meiner rechten Hand und etwas später kamen auch Positionierprobleme dazu. Da ich in diesem Jahr eine Schulter-OP hatte, war natürlich der erste Gedanke mein Problem kommt daher. Doch mehrfache Untersuchungen machten mir klar, dass dem nicht so war. Also lernte ich auf die linke Hand um. Das Ganze ließ mir aber natürlich keine Ruhe und ich sah mich im Internet nach diesen Symptomen um. Ich fand auch genug Seiten mit allen möglichen Erklärungen, von denen viele, meiner Ansicht nach an den Haaren herbeigezogen waren. Es blieb ein Rest von seriösen Antworten…

Ich hatte demnach Parkinson!

Meine Frau Gerlinde und ich sprachen natürlich über meine Probleme, die ich auch gar nicht verheimlichen wollte und konnte. Also habe ich sie relativ kurz vor der ärztlichen Bestätigung auch über meinen Verdacht informiert. Sie hat eigentlich sehr gefasst darauf reagiert, bis ich dann im Jahr 2010 auch die ärztliche Diagnose bekam und ich ihr nach meinem Arztbesuch in meiner doch etwas direkten Art mitteilte, dass ich tatsächlich Morbus Parkinson habe und diese Krankheit unheilbar ist. Da hatte die Gelassenheit meiner Frau Sprünge bekommen und ich musste erkennen, dass man einen Vorsprung von fast 5 Jahren an Informationen und emotionaler Beschäftigung nicht mit ein paar Worten weitergeben kann. Auch dass es, falls die medikamentöse Behandlung nicht mehr ausreicht, die Therapiemöglichkeit der Tiefen Hirnstimmulation (THS) gibt, schreckte sie mehr, als es half. Ich muss gestehen, dass ich in meinem technischen Eifer etwas zu genau die THS schilderte, da ich als gelernter Techniker von den Möglichkeiten von zwei eingesetzten Elektroden im Gehirn begeistert war.

Nach der Diagnose und mit Behandlungsbeginn mit einem Dopamin-Agonisten ging es mir relativ gut. Die inzwischen doch massiv gestiegenen Symptome wie das Nachschleifen des rechten Beines oder das Nichtmitschwingen des Armes, konnten gemildert werden. Wir entschieden uns auch, mit unseren Kindern die neue Situation zu besprechen. Die beiden nahmen nach der Verlautbarung, dass ich daran nicht sterben werde, die Situation viel gelassener als wir beiden „Alten", obwohl es heute noch Fragen zu meiner emotionalen Veränderung gibt. Auch meine Mutter, Geschwister und Freunde waren nach anfänglicher Betroffenheit zu meiner Freude nicht bevormundend, sondern einfach an mir interessiert.

Die Symptome verstärkten sich und es kam ein Tremor dazu. Das führte leider zu immer höheren Dosierungen und den Umstieg auf Madopar. Um den Tremor, der mich emotional sehr belastete beziehungsweise mein berufliches Umfeld, zu sehr kränkenden Meldungen wie "Nau, der sauft aber ordentlich" animierte, in den Griff zu bekommen, waren wir schon bei 1200mg Levodopa pro Tag angekommen. Das hatte wiederum starke Dyskinesien zur Folge. Auf einen Punkt möchte ich noch eingehen und das wären die Impulskontrollstörungen oder weniger medizinisch einfach auch Suchtverhalten genannt, die teilweise durch die Medikamente hervorgerufen werden können: Es gibt viele davon, wie Kauf-, Spiel-, Sexsucht, Punding. Ich habe Arbeitssucht entwickelt, das passte wunderbar zu meiner Schlaflosigkeit. Ich kann nur allen Betroffenen und Angehörigen raten, miteinander und vor allem mit ihrem Arzt zu reden. Denn diese Störungen sind meistens ganz einfach behandelbar. Zum Beispiel durch eine medikamentöse Umstellung. Unbehandelt können sie so viel zerstören, was man sich über Jahre aufgebaut hat.

Also folgte auf Anraten meines Arztes 2013 die Planung der THS! Dabei entdeckten die Ärzte zwei Aneurysmen in meinem Gehirn, die vorher saniert werden mussten. Die Diagnose der Aneurysmen konnte ich noch relativ gut wegstecken. Aber der erste Eingriff über die Arterie in der Leiste funktionierte nicht und der zweite für das Clipping der Aneurysmen wurde nach meiner Bezeichnung als „Frankenstein-Methode" durchgeführt. Sogar Schrauben wurden eingebaut. Gerlinde und die Kinder mussten 10 Stunden warten, bis die OP vorüber war und endlich die Nachricht kam, dass mit mir alles in Ordnung wäre. Anschließend bildete sich unbemerkt ein Hämatom – dieses war so massiv, dass es mein Gehirn um ca. 1 cm verschob. Ich glaube, dass ich zwei Tage nach der Diagnose schon wieder operiert wurde. Dabei ging es mir psychisch nicht gut, da ich Angst hatte, was bloß als Nächstes kommen würde. Außerdem verschob sich damit natürlich auch meine THS. Ich brauchte ziemlich lange, um mein inneres Gleichgewicht wiederzufinden, aber Gerlinde und meine Kinder gaben mir, teils unbemerkt, die Kraft dazu.

Als dritte Operation hatte ich 2014, genau zu meinem 50. Geburtstag (ich konnte noch am Wochenende feiern), die erhoffte THS. Dazu wurde ich narkotisiert, ein stereotaktisches Gestell wurde am Kopf befestigt und ab ins MRT. Anschließend plante der Chirurg den Eingriff genau am Computer. Im OP-Saal wurde ich nach einiger Zeit natürlich schmerzfrei, aus der Narkose geweckt, um eine Zeitlang beim Einsetzen der Elektroden Auskunft über das eigene Empfinden geben zu können, um anschließend wieder narkotisiert zu werden. Diese ganze Prozedur dauerte ca. 10 Stunden. Das war wie gesagt 2014 – heute kann der Ablauf schon ein ganz anderer sein. Der Aufenthalt im Spital ist kürzer, es muss auch keine Wach-OP sein…, einfach beim Arzt deines Vertrauens nachfragen!

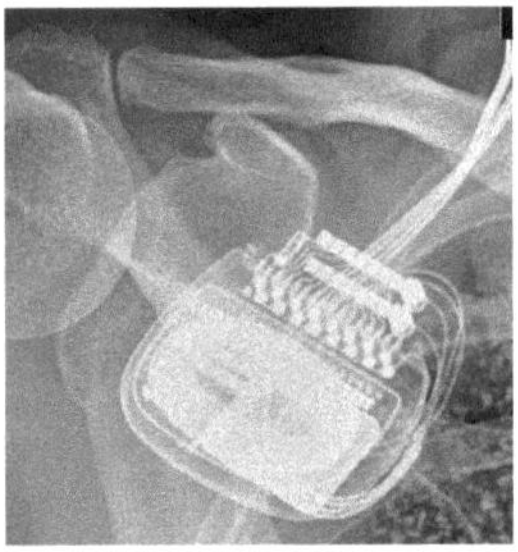

Ich war und bin sehr froh über Gerlinde und meine zwei Kinder – sie waren mir in diesem Jahr mit den drei Gehirn-OPs eine große Stütze. Auch finden wir vier, dass es in jedem Schlechten auch etwas Gutes gibt, denn wenn ich nicht Parkinson und eine THS bekommen hätte, weiß ich nicht, ob wir unsere Träume vom Reisen und Wandern aufgrund der Aneurysmen erfüllen hätten können.

Nach der OP konnte ich meinen Arbeitsvertrag nicht mehr verlängern und wurde schließlich erwerbsunfähig und Pensionist.

Zurück in die Gegenwart... (Michael J. Fox verzeihe mir) Gerlinde und ich haben die Rollen getauscht. Sie bringt jetzt das „große Geld“ nach Hause und ich kümmere mich um den Haushalt. Ich wasche, koche, putze. Das Kochen ist mir von der Arbeit her das Liebste. Ich koche, obwohl ich keinen Geruchsinn mehr habe, ziemlich gut! Das behaupte nicht nur ich! Der Rest des Haushalts ist ein notwendiges Übel. Diese neue Rollenverteilung ist für uns beide angenehm und auch notwendig. Gerlinde bekommt von mir so viel Wertschätzung, wie mir nur möglich, und ich fühle, dass ich gebraucht werde. Also eine richtige WIN-WIN-Situation.

Ich habe mich auch mit einigen anderen Sportarten neben Wandern angefreundet. Fitnessstudio, Sportklettern, Radfahren sind besonders für uns Parkis interessant und wertvoll. Aber ich wäre nicht ich, wenn ich nicht Ausreden finden würde, um diese Sportarten regelmäßig auszuüben, wie ich vielleicht sollte.

Ja, natürlich habe ich noch immer Parkinson, dagegen hilft auch keine THS. Ich habe Krämpfe, die Zehen rollen sich ein. Ich bin nicht mehr so belastbar, brauche MEINE Auszeit, bin dadurch manchmal etwas grantig. Mein Gesicht drückt weniger Emotionen aus. Ich werde nach drei Stunden wandern langsamer als ich sowieso schon bin. Habe keine gute Stimme mehr, spreche leise und undeutlich, nuschle so richtig...

**Aber solange…**

…ich meine Kinder habe, die mir unendlich viel Freude bereiten und mich voller Stolz erfüllen, die tolle Gespräche mit mir führen und gerne zu uns kommen…

…ich Freunde habe, die mit uns wandern und die, wenn ich auch langsamer werde, es Gerlinde und mir gleichtun oder nach Absprache beim Gipfelkreuz auf uns warten, und mit uns gemeinsam auf Urlaub fahren wollen (Hallo SabsiMa)…

…es Freunde gibt, die, wenn meine Stimme wieder wegbricht und ich mich eingraben könnte vor lauter Wut und Frust, mir nicht sagen „Es wird schon wieder“, sondern mir auf die Nerven gehen, mich auffordern mein Schneckenhaus zu verlassen und mit ihnen trotzdem auszugehen (Hallo Christian)…

…ich vor allem meine liebe Frau Gerlinde habe, die wie ein Fels zu mir steht, mich ermahnt, wenn ich es notwendig habe, aber mich auch immer ermutigt…

**…sind all meine Probleme ein Jammern auf sehr hohem Niveau!**

Ich möchte Familie, Freunde, alle oben Genannten bitten, mir meine Lahmheit in der Kontaktaufnahme nachzusehen. Ich werde mich bemühen öfter auf euch zuzukommen!

Naja, war ja doch fast schon eine Therapiesitzung.

Liebe Grüße

Walter

**Walter Schüberl**, Jahrgang 1964, lebt mit seiner Familie in Wien. Nach der Diagnose trat er bald darauf als Vorstandsmitglied der Parkinson Selbsthilfe Wien für die Anliegen der Früherkrankten und deren Angehörigen ein. Auch nach seinem Austritt aus dem Vorstand engagiert er sich in der Beratung von Früherkrankten, die er telefonisch anbietet. Weiters organisiert Walter monatlich die JUPPS Treffen in Wien, die regen Anklang finden. Walter findet die Möglichkeiten der digitalen Technologie, mit all ihren sozialen Netzwerken und Plattformen, die den Betroffenen das Kommunizieren und einen gemeinsamen Austausch erleichtern, als spannend und sinnvoll.

## Que sera, sera - Was wird sein, wenn…?

Ich sitze in meinem Fernsehsessel und döse ein wenig, denn das Fernsehprogramm ist wieder einmal nur ätzend.
Doch dann dringt von Ferne eine Melodie an mein Ohr und holt mich auf eine angenehme Art und Weise zurück in die Realität. Diese Melodie trifft mich mitten ins Herz, denn sie setzt sich mit der ernsthaften Frage nach der Zukunft auseinander. Von einer Sekunde zur anderen werde ich nachdenklich, ja richtig melancholisch. Völlig losgelöst und in Gedanken verloren summe ich die Melodie mit: „Que sera, sera …"
War es nicht Doris Day, die dieses Lied damals sang?! Ja, richtig, Doris Day sang es in einem Film mit James Stewart. Ich mag sie sehr, diese Doris, nein, ich verehre sie! Diese Frau strahlt eine unheimliche Lebensfreude aus. Ich liebe ihr Lachen, ihre Stimme, ihren Gesang, ihre strahlenden Augen, ihr Temperament, ihre Ausstrahlung, ich mag diese Frau eben und jetzt nimmt sie mich mit auf eine gedankliche Reise in die Zukunft: „Que sera sera..."

„Was wird sein, wenn… ja, wenn …?" Viele Bilder stürzen auf mich ein und Gedanken dazu kommen und gehen. Was wird mit mir in fünf, in zehn oder fünfzehn Jahren sein? Werde ich überhaupt noch sein? Und was wird diese Krankheit bis dahin mit mir gemacht haben? Ist dann überhaupt noch jemand da für mich – mit dem ich *sein* kann? Viele Fragen – keine Antworten.

*Es ist gut, dass niemand weiß, wann es kommt.*

*Es ist gut, dass niemand weiß, warum es kommt.*

*Es ist gut, dass niemand weiß, woher es kommt.*

*Es ist gut, dass niemand weiß, warum es gerade zu mir kommt?*

*Es ist gut, dass niemand weiß, wie es sein wird.*

Alles, was in meinem Leben bisher selbstverständlich war, ist weggebrochen, einfach nicht mehr da, oder es ist viel langsamer geworden oder es bremst mich sogar aus. Nichts ist wie es einmal war…

Das ist meine Gegenwart.

Aber vielleicht teilt jemand diese Gegenwart mit mir und wir fragen: „Que sera, sera?" und wir suchen gemeinsam nach Antworten für eine ungewisse Zukunft.

**… was wird sein, wenn ich nicht mehr für mich sorgen kann?**

*Ich hoffe, dass ich dann noch leben werde, dass es mir noch gut gehen mag. Ich will gern für dich sorgen, dich begleiten und immer für dich da sein. Du bist du und nicht deine Krankheit. So will ich dir in Liebe und mit Respekt begegnen. Wir schaffen das, glaube mir.*

**… was wird sein, wenn ich nicht mehr lesen kann, vielleicht sogar blind bin?**

*Dann lese ich dir jeden Tag vor und wir lesen alles kurz und klein. Außerdem beschreibe ich dir die Welt, so wie du sie immer betrachtest hast. Auch einen Sonnenuntergang und die Schönheit der Rosen werde ich mit viel Poesie und meinen Augen für dich sehen und du kannst die Farben – wie immer – fühlen.*

**… was wird sein, wenn ich nicht mehr laufen kann?**

*Dann trage ich dich auf Händen durch unser Leben, setze dich in den Rollstuhl und fahre mit dir, wohin du willst. Die Räder ersetzen deine Beine und ich bin dein Motor. Gemeinsam entdecken wir die Welt und machen sie noch einmal unsicher. Du machst dann ganz verrückte Sachen und kneifst endlich mal einen Kellner in den Po. Der Schalk in deinem Nacken wird kichern und endlich Ruhe geben.*

**… was wird sein, wenn ich nicht mehr schreiben kann? Keine Grüße und keine Geschichten?**

*Dann schreibe ich die Grüße für dich, mit denen du immer die Menschen, die dir wichtig waren, bedacht hast. Außerdem installiere ich dir ein Sprach- oder Schreibprogramm, damit du dem Computer all die Geschichten, die du noch erleben wirst, erzählen kannst. Er wird sie schreiben und ich werde sie in die Welt hinaustragen, damit andere Menschen teilhaben können.*

**… was wird sein, wenn ich nicht mehr Auto fahren kann?**

*Das wird dir schwer fallen, denn du bist immer gern zügig Auto gefahren. Die Einschränkung deiner Ungebundenheit, deiner Freiheit wäre ein erheblicher Einschnitt in dein Leben. Doch ich würde dich zunächst in dein Auto tragen und dann ginge es los. Du hast das Ziel bereits ausgewählt und ich fahre dich sicher von Ort zu Ort, von Stadt zu Stadt. Wir holen uns dann endlich diese Joints, die wollten wir schon immer mal probieren, dann rauchen wir bis uns das Hirn brennt.*

**… was wird sein, wenn ich nicht mehr sprechen kann?**

*Dann lese ich dir deine Wünsche von den Augen ab. Das ist eine meiner leichtesten Übungen. Die Worte wähle ich ganz in deinem Sinne, denn deine scharfe Zunge würde mir sonst fehlen.*

**… was wird sein, wenn ich mich nicht mehr allein ankleiden kann?**

*Dann sitzen wir beide vor deinem Kleiderschrank und du wählst deine Garderobe an jedem neuen Tag selbst aus. Die passende Kosmetik trage ich dir liebevoll auf und massiere dein Gesicht, damit du – „du" bist. Wenn du neue Kleidung brauchst, gehe ich mit dir in die Umkleiden der Kaufhäuser und wir haben beim Anprobieren furchtbar viel Spaß! Ich wollte schon immer mal in einer Umkleide mit dir irgendwelchen Schabernack treiben. Außerdem wählen wir Dessous, die dich auch mit einer Windel sexy aussehen lassen.*

**… was wird sein, wenn ich meine Schuhe nicht mehr aus- und anziehen kann?**

*Das ist kein Problem, denn dann knie ich vor dir nieder, danke dir von ganzem Herzen für diesen Tag und schiebe deine Füße vorsichtig in den Schuh.*

**… was wird sein, wenn ich mich nicht mehr waschen kann?**

*Dann setze ich dich in die Dusche, komme dazu und das warme Wasser erwärmt unsere Körper, die sich genussvoll entspannen. Ich seife dich ein, creme dich ein und lege dein Parfüm auf. Genussvoll atme ich deinen frischen Duft ein und dabei singen wir die Lieder, die du immer in der Dusche geträllert hast.*

**… was wird sein, wenn ich einnässe und eine Windel tragen muss?**

*Dann lachen wir, denn es ist gut, dass es so etwas gibt, und was kannst du dafür, du bist nicht die Krankheit. Ich mache dich frisch, vielleicht creme ich dich auch mit Penaten-Creme ein, so wie du deine Kinder einmal versorgt hast, als sie klein waren und du sie trockengelegt hast. Sie werden mir helfen, denn sie geben dir die Liebe einer Mutter zurück.*

Diese Gedanken wiegen schwer und sie bilden einen Schatten auf meiner Seele, sie liegen mir am Herzen. Ich komme langsam in das Hier und Heute zurück und stelle fest: Ich lebe jetzt – ich lebe mit der Krankheit jedoch bewusster und in jedem weiteren Augenblick auch noch intensiver. Dafür bin ich unendlich dankbar! So hoffe ich, dass ich noch genügend Zeit bekomme für die vielen Dinge, die mir und dir wichtig sind und die Freude bereiten, die das Leben lebenswert machen. Später, sehr viel später werde ich sicherlich noch einmal fragen: „Que sera, sera“, und dann haben wir hoffentlich all diese Dinge bereits erleben dürfen und können zurückblicken auf unser Leben, denn in die Zukunft zu schauen, ist dann nicht mehr unsere Aufgabe, aber fest steht: „Was sein wird, wird sein...“ und das hoffentlich mit dir.

„Que sera, sera?!“

# Ein Tango für zwei Bretter

Ein Tänzchen in Ehren, kann niemand verwehren.
Tanzen als wirksame Therapie, davon hörten viele noch nie.
Frage: Muss das denn sein? Tanzen auch noch auf Krankenschein?
Doch für Körper, Geist und Seele ist der Tanz auf der Deele,
besser als manche Pille oder leiden ganz in der Stille.
In der Gruppe macht es Freude, deshalb kommen doch viele Leute!
Es macht auch noch fit – und du? – Komm doch mit.

Die Männer schon ungeduldig warten, wollen endlich starten.
Beim Tanzen gibt der Mann das Tempo und die Richtung an.
Kommen die Damen stolz daher, fällt es den Herren gar nicht schwer,
es ergreift sie unheimliche Lust und mit Schwung und geschwollener Brust,
sie elegant das Tanzbein schwingen, wenn leichte Melodien erklingen.

Parkinson verliert hier seine Macht, an das Tanzen hat er nicht gedacht.

Der Timo verlegen stöhnt und spricht: „Tanzen kann ich heute nicht!
Bin steif und starr wie ein Brett! Doch mit dir tanzen finde ich nett.“
„Bei mir klappt ´s auch nicht besser, doch beim Tanzen wird es netter!“
„Ich bin aus einer alten Eiche. Bist du vielleicht das Gleiche?“
„Nein, ich bin ein Brett der Pinie, aber steif auf der ganzen Linie!“
So kleben zwei Bretter beieinander und tanzen einen Walzer miteinander.
„Habt ihr schon mal zwei Bretter gesehen, die sich im Walzertakt drehen?“

Einen Walzer im Dreivierteltakt, beim Tango wird gezählt bis acht.
Im Tango, da ist alles möglich und Kreatives überaus löblich,
es ist nichts verkehrt, Fantasie und Führung den Tänzer ehrt.

Tina, die nicht lange fragt, aber klar und deutlich sagt:
„Tango tanzen ist nicht schwer, seht nur alle zu mir her!"
„Seid achtsam und habt Mut, denn Tanzen tut euch gut!"
… fünf, sechs, sieben, acht, der Anfang ist gemacht:
rechter Fuß geht vor, linker Fuß geht vor.
Ist er neben seiner Frau, dann weiß sie ganz genau,
jetzt kommt der Wie-ge-schritt – da muss sie einfach mit."

„Nun stell dir vor, ´ne Kiste Bier, – steht vor den Füßen dir!"
„Tanz ´ne Kachel drum herum, für Männer ist das gar nicht dumm."
„Nun übt die Kachel jetzt im Tanz – und das mit feiner Eleganz."
Er muss die Füße schließen, sie muss zu Kreuze kriechen.
Dreht der Mann die Frau, so weiß sie´s ganz genau,
zum Ocho führt er seine Dame und schließt sie dann in seine Arme.
Wer so tanzt den Tango Argentino, fühlt sich gleich als feuriger Latino.

Schön sind auch die Pausen für die großen Tanzbanausen.
Es wird gesungen und gelacht, wer hat heute etwas mitgebracht?
Stollen, Torte und Kaffee sind von einer guten Fee.
Von Toni einen Witz von Klein Erna und dem Fritz.
Einen Walzer noch zum Schluss, dann die Stunde enden muss.
So geht schnell die Zeit vorüber, nächste Woche sehen wir uns wieder.
Tanzen ist die beste Therapie, dann brauche ich einen Rollator nie.

**Charlotte Prang** ist 70 Jahre alt und hat selbst seit mehr als dreizehn Jahren die Diagnose Morbus Parkinson. Ihre Geschichten enthalten also biografische Anteile, die sie mit den Erfahrungen der Mitmenschen authentisch verknüpft. So veröffentlichte sie neben ***Schlaflos in Paderborn*** seit 2016 drei weitere Bücher zur ***Schneewittchen-Reihe***. Diese Publikationen befassen sich nicht nur mit Morbus Parkinson, sondern zeigen die Fülle des Lebens – Krankheit und Gesundheit. Mit ihrem letzten Buch ***Schneewittchen hat Zukunft*** zeigt die Autorin ihre ethische Grundhaltung und die Reife ihres schriftstellerischen Schaffens.

Sie lebte mit ihrer Familie sehr lange Zeit in Paderborn, jetzt wohnt sie mit ihrem Mann in der Nähe ihrer Kinder in Detmold. Sie wirkte als Erzieherin und Heilpädagogin pädagogisch/ therapeutisch in verschiedenen sozialen Handlungsfeldern. Als Diplompädagogin publizierte sie zahlreiche Fachartikel, entwickelte pädagogische Konzepte sowie erzieherische Vorgehensweisen für den Elementar- wie Primarbereich, des Weiteren verfasste sie Wissenstexte und Lernmaterial für Kinder. Fast zwanzig Jahre hat sie als Triple P-Trainerin Eltern in ihrem Erziehungsalltag begleitet. Zurzeit arbeitet sie nach der THS (Tiefe Hirnstimulation) an ihrem vierten Buch ***Schneewittchen tanzt und liebt das***

***Leben*** mit dem Untertitel: ***Das Leben nach der THS***. 2019 gründete sie die Parkinson-Selbsthilfegruppe ZWIEBELRINGE – saftig, bissig, kreativ.

# Mut zum gesunden Egoismus

Das Wort Egoismus hatte für mich immer einen bitteren Beigeschmack, doch dann merkte ich, dass ein gesunder Egoismus zum Leben, man kann auch sagen zum Überleben, gehört.

Ich wohnte in einem kleinen gemütlichen Dorf, drei Kilometer von meinem Geburtsort und Elternhaus entfernt. Meine Familie war immer in meiner Nähe und damit fühlte ich mich wohl. Doch dann kam die Zeit vor meiner Diagnose, die mich fast an den Rand meines Lebens gebracht hätte. Damals zog ich mich immer mehr zurück. Rundherum stellte man schon Vermutungen an, aber keiner sprach direkt mit mir – ich fühlte mich allein gelassen. Doch im Nachhinein muss ich sagen, es war gar nicht so. Nach der Diagnose Morbus Parkinson im Jahre 2012 wurde alles anders. Ich kam mir vor wie Urmel auf dem Eis, bin aus meinem Ei geschlüpft, habe die Eierschale langsam aufgeknubbelt und bin mit kleinen Schritten mutig in das andere, neue Leben hinein. Meine Freunde, Bekannten und Verwandten waren freundlich, höflich und zuvorkommend. Wenn ich spazieren ging und von Mitmenschen gefragt wurde, wie es denn wäre, mit so einer Krankheit zu leben, antwortete ich immer: „Normal eben".

Im Laufe der Zeit merkte ich, wie ich mich veränderte. Ich sah meine Diagnose als Geschenk und als neue Chance in meinem Leben. Mit dieser Einstellung stieß ich viele buchstäblich vor den Kopf. Warum? Ich konnte wieder lachen und fing an mein Leben wieder wertzuschätzen und es zu lieben. Aus dem Schwarz-Weiß-Modus zu entfliehen und wieder alles bunt zu sehen, war einfach nur schön. Die schwarze Kleidung machte zwar schlank, aber Bunt machte mich fröhlich und ich strahlte. So selbstbewusst zu werden, NEIN sagen zu können war ein harter Prozess und ein Teil Selbstschutz. Ich war unglücklich, so wie es vorher war, und erzählte meiner damaligen besten Freundin, dass es mich traurig machte, wie die Mitmenschen eine vorgefertigte Meinung hätten, nur weil ich eine Nervenkrankheit hatte und mein damaliger Mann alles versuchte, um mich zu ignorieren. Ihre Antwort war: „Du bist nichts Besseres, nur weil du so eine Krankheit hast. Was willst du eigentlich? Du hast es doch gut hier, bist versorgt und den Rest erträgt man dann einfach. Du glaubst doch nicht wirklich, dass dich mit deiner Krankheit ein anderer Mann anschaut. Hast du mal in den Spiegel geschaut wie du aussiehst? Egoistisch bist du."

Diese Aussagen haben mich tief getroffen und setzten sich wie Dornen in meine Seele. Der Tag der Diagnose am 09.10.2012 war bis dato der schönste in meinem Leben gewesen, da ich auf diesen Tag doch zwölf lange Jahre warten musste, und dann wurde ich mit einem Mal doch nachdenklich und beschäftigte mich zum allerersten Mal mit dem Wort Egoismus und kam schlussendlich zu folgendem Entschluss: Selbstsicherheit, Eigenständigkeit und zu lernen sich selbst zu lieben, gehörten von nun an in mein Vokabular. Ein gesunder Egoismus heißt überleben.

Als ich mich entschieden habe, meine Ehe zu beenden, unter anderem aufgrund von persönlichen und schmerzhaften Erfahrungen, wurde auf gut Deutsch „kein gutes Haar an mir gelassen“. Meine angebliche Undankbarkeit wurde förmlich an die Kirchentür geschrieben. Undankbarkeit in Zusammenhang mit meiner neurologischen und unheilbaren Nervenkrankheit Morbus Parkinson zu bringen verletzte mich abermals sehr. Nun war es an der Zeit, meinen ganzen Mut aufzubringen, und das war der Startschuss zu meinem neuen Ich. MUT = MACH UND TU – bedeutete für mich, sämtliche Veränderungen auch in die Tat umzusetzen. Zuerst zog ich zurück zu meiner Mutter. Es war eine Zeit der Erfahrung, mit Ende Vierzig wieder zu Hause in meinem alten Mädchenzimmer zu wohnen. Ich war an einem Punkt, an dem es nur mit kleinen Schritten vorwärts ging. „Du wirst es schaffen!“, sagte ich mir und schaute in mein Spiegelbild. Wer war diese Person, die aus dem Spiegel zurücksah? War ich es wirklich? Ja, ich war es und es hat mir gezeigt, dass ich irgendwie gesichtslos geworden bin.

Es war nicht nur die Krankheit, die mich so gezeichnet hatte, da waren noch die Jahre zuvor mit dem ganzen Drumherum. Nächster Schritt: Veränderung! Ich entschied mich kurzerhand für Friseur, Pediküre, Maniküre – einfach raus in die Welt und vor allen Dingen, sich auch mal einen kleinen Einkaufsbummel und mir endlich einmal selbst Gutes zu gönnen! Als ich wieder zu Hause ankam und mich meine Mutter mit meinem veränderten Aussehen sah, …musste sie sich erstmal setzten! Zuerst erschrak ich und fragte sie, ob es ihr gut ginge und ob alles in Ordnung sei. Liebevoll sagte sie zu mir: „Du siehst ja ganz anders aus! Du bist wieder farbig bunt und nicht nur schwarz-weiß!“
Da wusste ich, dass ich alles richtig gemacht hatte!

Ja, das Leben kann hart sein. Man kann aber auch zulassen, dass das Leben hart wird, – oder sich eben bewusst dagegen entscheiden. Leichtfüßig mit einer Krankheit umzugehen ist schwer, aber es wird leichter, wenn man sich ein Stück weit tragen lassen kann. Und noch schöner, wenn man von einem liebenden Menschen getragen wird. Nach einigen Monaten lernte ich im WWW einen Mann kennen, ja wirklich, einen richtigen echten Mann! Keinen Cybermenschen, sondern einen richtigen aus Fleisch und Blut. Er war jünger und aus Berlin. Mein anderes Leben hatte begonnen! Ich war richtig glücklich – ich hatte mich verliebt! Ich muss jetzt, wo ich das hier niederschreibe, ein wenig lächeln, denn ich hatte bis dahin völlig vergessen, wie sich „Verliebtsein" anfühlte und was es für Gefühle auslösen kann. Ich gebe ehrlich zu, ich war wieder wie ein junges Mädchen und habe wieder angefangen, Gefühle wahrzunehmen und zuzulassen, und das war am Anfang gar nicht so einfach. Pubertät Nummer 2 ließ grüßen! Ich hatte auf einmal wieder ein Glänzen in den Augen und strahlte eine positive Energie aus.

Es folgte eine nicht ganz so einfache Zeit. Meine Entscheidung, meinen neuen Lebensmittelpunkt in eine Großstadt zu verlegen, fiel mir nicht leicht, aber ich bereute sie keinen Augenblick. Ich konnte mein Glück gar nicht fassen und habe es auch lange Zeit nicht zugelassen. Es war so kostbar und zerbrechlich. Aber mit der Zeit habe ich viel gelernt und es hat mich geprägt und den Menschen aus mir gemacht, der ich jetzt bin.

„Ich liebe dich, möchtest du mich heiraten?“, wurde mir im Frühjahr 2018 die Frage gestellt. Mein Einwand, ich wäre doch krank, wurde von ihm lächelnd und mit einem frechen “Ich auch“ ab gekontert. Ich ließ ihn stehen und ging erstmal eine halbe Stunde spazieren. Meine Gedanken drehten sich wie in einem Karussell, aber natürlich sagte ich JA! Im Herbst darauf, im September, haben wir geheiratet!

Ich wurde einmal gefragt, wie ich es mit meinem Gewissen vereinbaren könne, meine Mutter allein gelassen zu haben, wo sie doch so viel für mich getan hat. Meine Antwort: Ich habe meine Mutter nie allein gelassen, sie ist immer in meinem Herzen. Meine Heimat bleibt meine Heimat – Niederklein in Stadtallendorf in Hessen. Mein Zuhause ist da, wo mein Herz ist! Bei meinem Mann, an der Ostsee in einem kleinen Dorf, wo ich mich mittlerweile doch ziemlich heimisch fühle. Mit meinem Mut zum gesunden Egoismus bin ich endlich angekommen! Ich habe eine eigene Webseite, tausche mich in sozialen Netzwerken aus und leite eine Radiomoderation eines Internetradiosenders, wo ich morgens den Menschen schon Freude mit Musik bringe. In der Zwischenzeit sind Menschen, gute und beste Freunde, in mein Leben gekommen, wo ich einfach nur sagen kann, wir haben uns einfach finden müssen!

Und auch eine ganz wichtige Person habe ich zum Glück wiedergefunden…

**Mich selbst!**

In Niederklein, einem Ortsteil von Stadtallendorf im Landkreis Marburg/Biedenkopf von Hessen, wurde **Beate Hilker** als zweites Kind 1965 geboren. Bücher begleiten sie schon ihr ganzes Leben. Neben Rilke, Goethe und Schiller findet man auch die Gebrüder Grimm, Wilhelm Busch, Heinz Erhardt und Loriot in ihren Bücherregalen wieder.

Ihr Lebensweg änderte sich 2012, im Alter von 48 Jahren, nachdem man bei ihr Morbus Parkinson diagnostizierte. Ihr Weg führte sie 2016 über Berlin an die Ostsee in die Nähe von Rostock, wo sie heute lebt. Ihre Familie und Freunde sind ihr sehr wichtig, denn ohne diese wäre das Leben um vieles ärmer.
www.beatehilker.com

eine Kurzgeschichte
von Katharina Beyer

# Was ist das, ein Parkinson?

AUS DEM LEBEN EINER
MUTTER MIT PARKINSON

# „Was ist das, ein Parkinson?“

## Aus dem Leben einer Mutter mit Parkinson

eine Kurzgeschichte von Katharina Beyer

# 1.

Sarah hat ihre Tochter gerade wie jeden Tag aus dem Kindergarten abgeholt. Vorsichtig parkt sie das Auto vor ihrem Haus. Ungeduldig und gerade abgeschnallt, stürmt die Kleine schon ins Nachbarhaus zur Oma. Sarah ist müde von der Arbeit und sehnt sich nach einer Pause. Sie geht trotzdem zunächst in den Keller, holt die Wäsche aus der Maschine und stellt sie in den Trockenkeller. Dort hängt sie dann ein Kleidungsstück nach dem nächsten auf die Wäscheleine. Auf Wäscheklammern verzichtet sie schon eine Weile. Die Vorstellung, jedes einzelne Teil mit einer kleinen, störrischen Klammer zu befestigen, lässt sie nervös werden. Ohnehin fällt es ihr merklich schwerer, diese noch nie geliebte Aufgabe „Wäsche" in ihren stressigen Alltag zu integrieren. Es scheint, als fehle ihr einfach die Geduld, die kleinen Kleidungsstücke ihrer elfenhaft schmalen Tochter in die Hand zu nehmen, glatt zu streichen und aufzuhängen. Sie war schon immer sehr ungeduldig gewesen. Basteln, Handarbeiten, Handwerken, das waren keine Hobbys für sie. Viel zu fahrig, viel zu schnell und viel zu ungenau war Sarah, die sonst immer alles kann, schon als Kind gewesen.

Sonst im Job oder auch als Mutter zu Hause läuft immer alles nach Plan. Sie ist schnell, sie ist schlau, sie fasst an und sie kann viel schaffen. Bei Sarah ist es ordentlich und sie ist gut organisiert. Dass ihr das Wäscheaufhängen nun schwer zu fallen scheint, will sie nicht akzeptieren. Gerade noch hatte sie bei der Arbeit ein Konzept geschrieben, den Vorstand von sich überzeugt und eine neue Kampagne auf den Weg gebracht. Sie wird es ja wohl schaffen, dass ihre Tochter morgen trockene Wäsche im Schrank hat. Während sie so dasteht, in ihren Gedanken versunken, angespannt und müde, fluchend und seufzend, hört sie das leise Quietschen der Kellertür und die tapsigen Schritte ihrer Tochter. Vorsichtig blickt die Kleine, zu ihrer Mutter auf und fragt mit besorgtem Blick: „Mama, hast du heute schlechte Laune?“ Sarah fühlt sich ertappt, hat keine Lust, sich zu rechtfertigen. Daher antwortet sie schnippisch: „Du siehst doch, dass ich viel zu tun habe. Warum bist du nicht bei Oma?“ Die kleine trotzige Unterlippe schiebt sich nach vorn, die großen blauen Kinderaugen werden enger und das kleine Mädchen verkneift es sich, ihre Enttäuschung offen kundzutun.

Sarah fühlt sich furchtbar und kann doch nicht aus ihrer Haut. Sie ist so müde von allem: vom frühen Aufstehen, vom Arbeiten, vom Nachdenken, vom Funktionieren. Und so blickt sie ihre Tochter, die sie aus ganzem Herzen liebt, mit müden Augen an und fragt: „Was willst du denn?“

Die Kleine nimmt es ihr zum Glück nicht übel. Sie kennt ihre Mutter und weiß, dass man sie manchmal einfach aufmuntern muss. Sie weiß, dass Mama oft traurig ist, und sie fragt sich, was der Grund dafür sein könnte. Leise richtet sie ihre Frage, die sie hatte in den Keller gehen lassen, an ihre Mutter. „Mama, ich habe im Fernsehen gesehen, dass Angela Merkel genauso zittert wie du. Wusstest du das?" Sie weiß, dass ihre Tochter sich für alles interessiert - auch für die Dinge, die eine Fünfjährige unmöglich interessant finden kann. Sie weiß auch, dass bei Oma und Opa beim Mittagessen immer die Nachrichten laufen, auch wenn die kleine Enkeltochter mit im Raum ist. Trotzdem trifft sie die Frage unvorbereitet schmerzhaft und sie hat keine Ahnung, was sie darauf erwidern soll. Die Kleine, stolz auf ihre Entdeckung, plappert munter weiter: „Und Mama, weißt du, was die gesagt haben? Die sagen, Angela Merkel könnte vielleicht einen Parkinson haben. Was ist das? Ist das was Schlimmes?"

Bemüht unbeteiligt erwidert Sarah schnell: „Nein, das ist es bestimmt nicht. Ich glaube, sie war einfach müde und hat deshalb gezittert." Mit einem Kindergartenkind über die öffentlichen Spekulationen, die Bundeskanzlerin sei an Parkinson erkrankt, zu sprechen, übersteigt ihre Kraft. Sie schnappt sich den leeren Wäschekorb, schiebt das

Kind aus dem Raum und eilt die Kellertreppe hinauf. Sie geht in die Küche, lässt sich ein Glas eiskaltes Wasser ein, trinkt es auf ex aus und fragt ihre Tochter: „Hast du Lust, ein Eis essen zu gehen?" Die Kleine schaut sie mit überraschten, glücklichen Augen an und jubelt. Sarah zieht sich Schuhe an, schnappt sich die Handtasche und holt den pinken Roller ihrer Tochter aus der Garage. Ihr Arm ist schwer und der Nacken verspannt. Sie fühlt, wie sich eine Migräne drohend ihren Nacken hoch schleicht. Wenn sie jetzt nicht aufpasst, dann wird sie die Nacht mit Schmerzen und ohne Schlaf verbringen. Sie geht also noch einmal rein und nimmt eine Kopfschmerztablette. Ihre Tochter wartet vor dem Haus und ruft: „Mama, mir ist es egal ob, dein Arm zittert. Du bist einfach die Beste!" Die beiden gehen in die Stadt, die kleine Tochter mit dem Roller immer ein paar Meter vor ihrer Mutter her. Sarah hat keine Mühe, Schritt zu halten. Wie immer geht sie schnell. Nur der Arm schmerzt und will sich nicht mehr so recht mitbewegen. Er hängt mit einer großen braunen Ledertasche beschwert verspannt an ihrer linken Körperseite hinab.

Sie hat sich angewöhnt, immer eine große Tasche, einen Schlüssel oder die Hand ihrer Tochter mit links festzuhalten. Dann fühlt sich der ständig zitternde Arm nicht ganz so nutzlos an. Sie betrachtet ihr

Spiegelbild in den Schaufenstern der Kleinstadt, in der sie aufgewachsen ist und nun wieder lebt.

## 2.

Den Blick so zur Seite gerichtet, bemerkt sie nicht, dass eine alte Schulkameradin geradewegs auf sie zuläuft. Wenn möglich, wechselt Sarah in solchen Situationen frühzeitig die Straßenseite, holt das Handy raus und führt ein vermeintlich wichtiges Telefonat. Diesmal ist es zu spät. Die junge Frau, der sie nun gegenübersteht, war früher immer Klassensprecherin und ist zu allen ganz besonders nett gewesen. Sie ist genau wie Sarah Mitte 30, hatte nach dem Abitur in München studiert und schien nun ihr erstes Kind zu erwarten. Sarah nickt ihr zu und versucht so kurzerhand an ihr vorbeizugehen. Aber die schwangere Frau blickt ihr direkt ins Gesicht, muss offensichtlich kurz überlegen und erkennt Sarah dann doch. Freudig strahlend winkt sie ihr zu und ruft: „Ach, du auch hier!? Besuchst du deine Eltern?" „Nein, wir wohnen jetzt hier." „Ach ich dachte, ihr lebt in Hamburg?" „Nein, schon seit zwei Jahren nicht mehr." Sie wartet auf das übliche Entsetzen: „Was? Ich dachte ja, aus Hamburg zieht man nicht weg. Hamburg ist doch die schönste Stadt der Welt! Ich würde gern in Hamburg leben…" Sarah lügt etwas von einer einmaligen

Jobchance, wegen der sie zurückgezogen seien, und verabschiedet sich eilig mit dem Hinweis auf ihre Tochter, die mit dem Roller schon weit vorgefahren ist.

Sie sieht keinen Sinn darin, mit einer Person aus ihrer Vergangenheit darüber zu sprechen, was sie wirklich bewegt. Sie muss nicht wissen, dass Sarahs Herz vor lauter Hamburg-Heimweh schmerzt, dass sie niemals hatte hierherziehen wollen, dass sie einfach aufgrund ihrer Diagnose mehr Unterstützung durch die Großeltern benötigt und der viele Platz, die Ruhe und Natur sich beruhigend auf ihr angegriffenes Nervenkostüm auswirken. Die ehemalige Mitschülerin war höflich und hatte nichts dazu gesagt, aber Sarah hatte den neugierigen Blick auf ihre linke Hand wohl bemerkt. Sie hatte das Zittern nicht erklärt. Sie schaffte es einfach nicht. Noch immer lösen Zusammentreffen mit Fremden oder alten Bekannten Beklemmungen bei ihr aus. Sarah hat sich schon seit einiger Zeit stark zurückgezogen. Außer mit ihren Freunden und ihrer Familie will sie mit niemandem Kontakt haben. Nur von Kindern ist sie ständig umgeben und sie genießt die Unbekümmertheit und Herzenswärme, die ihr dabei begegnet. Sie will eine coole Mutter sein, die lustig und verständnisvoll ist. Sarah ist die Königin der Kindergeburtstage, investiert Geld und Zeit in die perfekte Planung und alle Freundinnen ihrer Tochter mögen sie, weil sie nicht so streng ist und man mit ihr über fast alles reden kann – alles, außer es betrifft sie selbst. Wobei auch das mit Kindern leichter ist. Geduldig kann sie immer wieder erklären, warum ihr Arm zittert. Die Kinder schauen sie dann mit großen Augen an und sie kann ihr Mitgefühl spüren. Sarah seufzt und folgt ihrer Tochter.

## 3.

Vor der Eisdiele hat sich eine lange Schlange gebildet. Es könnte der letzte schöne Tag des Jahres sein. Ihre Tochter steht vor der riesigen Vitrine. Der Eisverkäufer ist immer etwas nervös, besonders wenn es so wie heute voll ist in der Eisdiele. Mit angespannter Miene drängt er Sarah und ihre Tochter zu einer Entscheidung. Sarah fängt mit der Bestellung an und lässt sich eine Kugel auf der Waffel reichen. Sie nimmt eigentlich immer Stracciatella-Eis, schon seit sie klein ist. Ihre Tochter schaut sich noch immer unentschlossen alle Sorten ganz genau an und lässt sich von Sarah die dazugehörigen Sortenschilder vorlesen. Als der Eisverkäufer schon genervt die Augen verdreht, entscheidet sie sich endlich für eine Kugel Pistazie und eine Kugel Mango-Eis. „Eine ziemlich ungewöhnliche Wahl für ein kleines Mädchen!", kommentiert der freundliche ältere Herr, der hinter ihnen in der Schlange steht. Sarah, die ihrer Tochter stolz über den Kopf streicht, spürt: „Die Auswahl ist riesig! Du solltest auch mal etwas Neues versuchen!“

## Wurzeln & Flügel

Ich will, dass Du atmest.
Ich will, dass Du lachst.
Ich will, dass Du all Deine Faxen machst.
Ich will, dass Du träumst,
Deine Welt bunt bestäubst.
Ich will, dass Du Deine Flügel ausbreitest,
Deinen Horizont ständig erweiterst.
Dass Du all die Fragen stellst,
Die Dir auf der Seele brennen.
Dass es egal ist, ob wir die Antwort kennen.
Ich geh mit Dir auf die Suche, um sie zu beantworten.
Es nicht zu tun, kann ich nicht verantworten.
Ich will, dass Du weißt, wer fragt, ist schlau.
Wer etwas anderes behauptet, weiß es selbst nicht genau.

Die Erwachsenen wissen nicht alles besser.

Dein Verstand ist klar und scharf wie ein Messer.

Deine Fantasie gibt dir Flügel, die wir nicht haben.

Dein Flug voller Loopings ist nur eine Deiner Gaben.

Aus Dir spricht die Wahrheit.

Die Klarheit, die Ganzheit.

Das unverfälscht Echte.

Das vehement Gerechte.

Du kannst mir helfen, den Weg zu finden; den Weg, der Dich vorbereitet.

Und auch meine staubigen Flügel ausbreitet.

Damit wir dann fliegen, gemeinsam und voller Freude.

Komm los, wir beginnen schon heute.

Die Autorin **Katharina Beyer** (Jahrgang 1981) ist verheiratet und Mutter zweier Kinder. Sie lebt mit ihrer Familie in Deutschland/NRW. Die Autorin und Poetin veröffentlicht lyrische Texte, zum Beispiel auf Instagram (wort.an.herz.auch). Mit 34 erkrankte sie früh an Parkinson und engagiert sich mit ihrem hoffnungsvollen Bildband „Der junge Parkinson" (www.derjungeparkinson.de) für andere jung erkrankte Patienten.

# Zusammen

Ein Gefühl, ein Staunen
das Leben mit all seinen Launen
Gedächtnis im Herzen
funkelnd, wie von tausend Kerzen

Erinnerungen wild gespeichert
voll mit warmer Liebe angereichert
Bäumchen gepflanzt, Haus gebaut
Leidenschaft, bis der Morgen graut

Taten und Werke meiner Jahre
schau zurück auf all das Wunderbare
Dankbar für dieses aufregende Leben
werden auch künftig alles dafür geben

denn…

Mr. Parkinson kriegt uns nicht klein
sei er auch noch so aufdringlich und gar gemein
Zusammen ist man einfach stärker
Zusammen macht man mutig weiter…

Thomas & Martha

# Nachwort

Liebe Leserin, lieber Leser,

wir wollen mit diesem Buch bestimmt nichts schönreden oder gar verleugnen: Parkinson ist und bleibt eine (noch) unheilbare chronische und fortschreitende Erkrankung, die jeden Betroffenen Tag für Tag aufs Neue vor Herausforderungen stellt. Nicht jeder Krankheitsverlauf gleicht dem anderen, nicht jeder Erkrankte zeigt dieselben Symptome und wir alle leben in unterschiedlichen Lebenssituationen, die sich auch wieder auf das eigene Befinden und das Wohlergehen auswirken können. Sich mit seinem eigenen Mr. Parkinson auseinanderzusetzen erfordert viel Geduld, Durchhaltevermögen und Disziplin; gilt es doch diesen Fiesling in seinem Tun solange es nur geht einzudämmen. Medikamente und Therapien können unterstützen, aber auch gleichzeitig stressen, wenn sich jede weitere Medikamentenumstellung oder neu begonnene Therapie wieder auf den nicht mehr zu 100 % funktionierenden Körper auszuwirken beginnt. Von der mentalen Gesundheit ganz zu schweigen! Es macht schlicht etwas mit einem, wenn man sein Besteck nicht mehr ruhig in der eigenen Hand halten kann, wenn man in einen Zug steigen möchte und die eigenen Beine einem nicht mehr gehorchen, wenn man noch so angestrengt überlegt und dann doch das Gesagte oder Erlebte an die Vergesslichkeit verliert oder wenn man seinen Kindern nicht mehr gerecht werden kann, obwohl man sich solch eine Mühe gibt. Es ist bestimmt nicht leicht…

In diesem Buch haben wir großartige Parkinson Betroffene kennengelernt, die ihren ganz eigenen Weg zur Bewältigung im Umgang ihrer Erkrankung gefunden haben. Einige zeigen ihr Engagement in Selbsthilfegruppen oder ehrenamtlichen Tätigkeiten, andere schreiben Bücher, verfassen Gedichte und malen Bilder. Andere sind wiederum in sozialen Netzwerken aktiv und tauschen sich mit anderen Betroffenen über ihre Erfahrungen aus und geben ihr Wissen weiter. Manche betreiben sogar eine eigene Webseite, führen einen Blog oder leiten einen Podcast, um anderen Betroffenen so Unterstützung und Informationen rund um das Thema Parkinson zuteilwerden zu lassen. So unterschiedlich ihre Geschichten und Bewältigungsstrategien auch sind, eines verbindet sie dennoch:

**Zusammen ist man einfach stärker!**

Die Diagnose Parkinson begleitet einen jeden Tag, es heißt aber nicht, dass man die Welt dadurch nur mehr hoffnungslos in Schwarz oder Weiß betrachten muss! Die Welt hat so viele wunderschöne Farbtöne zu bieten, die, wenn man es sich selbst gestattet, den einen oder anderen negativ grauen Gedanken heller erscheinen lassen können. Uns ist durchaus bewusst, dass das nicht jeden Tag gelingen kann, aber vielleicht konnten diese tollen bunten Erfolgsgeschichten dazu beitragen, neuen Mut zu schöpfen, den inneren Stillstand zu besiegen und die Welt ein wenig farbenfroher zu betrachten. Denn die Freiheit, die wir besitzen, ist, dass wir unser Leben in unseren eigenen bunten Farben gestalten können!

Bleib auf jeden Fall dran und höre gut hin, denn es lohnt sich:

Auch in dir steckt bestimmt jede Menge **Buntes Mutgeflüster!**

# Ich wollte nur einmal DANKE sagen…

„Leider lässt sich eine wahrhafte Dankbarkeit mit Worten nicht ausdrücken“, das erkannte schon Johann Wolfgang von Goethe, aber da dieses Buch mit so vielen tollen Worten geschrieben wurde, möchte ich es nun trotzdem versuchen.

Meine lieben SchriftstellerInnen!

Euer **Buntes Mutgeflüster** und euer Engagement den Menschen, die in irgendeiner Form von Morbus Parkinson betroffen sind, Hoffnung und Zuversicht zu schenken, inspirierten mich zu diesem wundervollen Projekt. Es war mir eine Ehre mit euch zu arbeiten, euch näher kennenzulernen (dem Virus oder der Entfernung geschuldet sogar nur über diverse Medien) und ein Stück weit durch eure Zeilen für meinen Lebensmenschen selbst wieder Herzenstrost zu spüren. Ihr seid alle großartig!

„Es sind die Begegnungen mit Menschen, die das Leben lebenswert machen.“

(Guy de Maupassant)

**Martha Strubinger** lebt mit ihrem an Parkinson erkrankten Mann in Wien. Mit ihren Büchern möchte sie Mr. Parkinson, wie sie ihn nennt, mehr in den Fokus der Öffentlichkeit rücken, um so für mehr Aufklärung zu sorgen, Tabuthemen, wie die Angehörigen-Arbeit und die manchmal damit verbundene Pflege ansprechen und Betroffenen Mut zusprechen, das Leben trotz chronischer Erkrankung zu genießen!

## Bereits erschienen sind:

### LEBENSMENSCH
**Leben mit Parkinson aus Sicht einer Angehörigen**

**Verlag:** myMorawa
von Dataform Media GmbH
ISBN Paperback: 978-3-99110-250-2
ISBN Hardcover: 978-3-99110-251-9
ISBN e-Book: 978-3-99110-252-6

### Mr. Parkinson, Corona & der Lockdown

**Verlag:** myMorawa
von Dataform Media GmbH
ISBN Paperback: 978-3-99110-945-7
ISBN Hardcover: 978-3-99110-946-4
ISBN e-Book: 978-3-99110-947-1

**manchmal geschüttelt, immer berührt**

**Angehörige erzählen aus ihrem Parkinson Alltag**

**Verlag:** myMorawa
von Dataform Media GmbH
ISBN Paperback: 978-3-99125-756-1
ISBN Hardcover: 978-3-991125-753-0
ISBN e-Book: 978-3-99125-755-4